영문법 없이 읽는

영자신문사설
THE KOREA HERALD EDITORIAL

Bilingual Reading

영문법 없이 읽는 영자신문사설

초판 1쇄 인쇄 2014년 1월 25일
초판 3쇄 발행 2018년 9월 20일

지은이 _ 토마스 안 · 벨라 정
펴낸곳 _ 영어닷컴
디자인 _ Design86 이현호

주소 _ 서울시 종로구 삼봉로 95
　　　2-1004 (견지동, 대성스카이렉스)
전화 _ (02) 739-5333
팩스 _ (02) 739-5777
E-mail _ youngodot@gmail.com

※ 이 책의 출판권은 영어닷컴이 가지고 있습니다.
※ 저작권 법의 보호를 받는 저작물이므로 무단 전재와 무단 복제를 금합니다.

ISBN 979-11-85345-02-4

The Korea Herald

영문법 없이 읽는
영자신문사설

THE KOREA HERALD EDITORIAL

Bilingual Reading

토마스 안 · 벨라 정 지음

영어닷컴

preface

영문법 없이 읽는
영자신문사설

영문법 언급 없이 영자신문사설 읽는 방법을 소개하고 실례를 제시하기 위하여 탄생한 책이 바로『영문법 없이 읽는 영자신문사설』입니다.

일반적으로 영문법을 알아야 문법에 맞추어 영문을 이해하고 읽어 내려갈 수 있다고 믿고 있습니다. 이와 같은 영문법에 대한 관념은 수학문제의 접근 방식에서 비롯되었습니다. 즉, 수학문제를 풀기 위하여 공식을 익힌 후 문제를 분석하고 그 문제를 공식에 대입하며 정답을 도출할 때까지 풀이 과정과 정답을 보지 않고 오직 자신의 노력만으로 문제와 씨름하게 됩니다.

여기에서 우리는 언어를 이해하는 것이 수학문제 풀이와 다르다는 것을 인지할 필요가 있습니다. 그것은 한국 사람들이 한국어를 익히기 위하여 문법을 먼저 배우지 않았다는 것을 상기하면 쉽게 알 수 있습니다. 그보다는 오히려 말을 잘하는 사람으로부터 덜 잘하는 사람에게로 언어가 모방되거나 전파된 결과라고 볼 수 있습니다.

모국어 이외의 외국어를 익히는 것도 마찬가지로 모방의 방식만 있으면 가능합니다. 문법의 틀에 적용하여 분석하고 짜내고 궁리해야 하는 것이 아니라 어떻게 표현하는지 알아가면서 닮아가는 방식이 언어를 습득하는 유일한 과정입니다. 이 과정에서 표현 방식을 배우지 못하고 분석만 강요받는다면 수준 높은 언어 발달은 영원히 기대할 수 없습니다.

우리는 이미 국어를 알기 때문에 외국어인 영어를 익히는 것은 훨씬 단기간 내에 가능합니다. 쉬운 문장이든 어려운 영어든 관계없이 올바른 방법과 표현을 모방한 후 스스로 사용하면 자기의 언어가 될 수 있습니다. 여기에 일반적인 영어 문장을 정확한 한글 표현으로 비교하며 익히는 방법이 절대적으로 필요합니다.

이 책은 이러한 영·한 비교 표현 숙련을 위하여 국내 최고 영자신문 The Korea Herald Editorial 가운데 대표가 되는 좋은 내용이 포함된 기사들을 엄선하여 영문법 없이 읽는 요령인 끊어 읽기를 근거로 하여 복잡한 영어 문장을 세심하게 구문 별로 나누어서 제시하는 한편 다른 페이지에 해당 구문의 한글 표현을 수록하여 빠른 습득에 도움이 되도록 노력하였습니다.

여기서 제시한 구문 별 읽기는 이중 언어 능통자들이 양쪽 언어를 동시에 이해하는 방식 그대로이며 구문을 나누는 요령은 다음과 같습니다. 이 간단한 비밀을 절대 잊지 마십시오.

첫째 동사 앞에서 끊고, 둘째 전치사 앞에서 끊고, 셋째 관계사 앞에서 끊고, 넷째 접속사 앞에서 끊는다.

content

Editorial 01
Chaebol's greed
Tycoons accused of fraud and tax evasion 09

Editorial 02
South deceived again?
North Korea will not gain from deceitful actions 31

Editorial 03
Improper match-up
OPCON transfer should not be tied to missile defense 49

Editorial 04
Korean Freikauf model
POWs, abductees should be brought back 67

Editorial 05
Rolling out telemedicine
New medical services can benefit patients 85

Editorial 06
Drawbacks of jury trials
Supreme Court needs to address problems 107

Editorial 07
Polarized workforce
Efforts needed to enhance elderly competency 129

| Editorial 08 | **Accommodating attitude**
Objection to refugee camp should be ended | 147 |

| Editorial 09 | **Cutting working hours**
'Grand bargain' on labor issues needed | 169 |

| Editorial 10 | **Clashes over power line**
Injunction needed against those disrupting work | 191 |

| Editorial 11 | **Japanese boots in Korea?**
Seoul must assert sovereignty to avoid nightmare | 213 |

| Editorial 12 | **Surge in sea level**
Korea must be more alert over climate change | 239 |

| Editorial 13 | **Revealing truth**
Missing summit transcript has been found | 258 |

| Editorial 14 | **Dimmer growth outlook**
Deregulation is needed to encourage investment | 279 |

The Korea Herald

Editorial

01

Chaebol's greed

Tycoons accused of fraud and tax evasion

Editorial 01

Chaebol's greed
Tycoons accused of fraud and tax evasion

One large business enterprise
after another is implicated in a scandal
involving families controlling them.
Quite a few leaders
of family-controlled business conglomerates, or chaebol,
have recently been sent to prison
for their fraudulent practices.

In July,
Lee Jae-hyun, chairman of CJ Group,
was arrested on charges of embezzlement,
negligence and tax evasion.
He was accused of creating a slush fund
after fraudulently taking 100 billion won
from the business group
and evading 70 billion won in taxes.

해석 재벌의 탐욕
사기, 세금 포탈 혐의로 재벌 총수들이 기소되다

대기업이

차례로 스캔들에 연루되고 있다

그 회사를 운영하는 가족이 포함된

상당수의 총수들이   **quite a few** 상당수, 많은

재벌인 가족 소유 **대기업**의   **conglomerate** 복합 기업

최근에 감옥으로 보내졌다

그들의 **사기** 관행으로   **fraudulent** 부정의

7월에

CJ그룹 회장 이재현 씨가

횡령 혐의로 구속되었다   **embezzlement** 횡령, 착복

방만한 기업 운영과 **세금 포탈**로   **tax evasion** 탈세

그는 **비자금** 조성 혐의로 기소되었다   **slush fund** 비자금

1000억 원을 부정하게 취한 후에

그의 기업 그룹으로부터

또 세금으로 700억 원을 포탈한 후에

EDITORIAL

One large business enterprise after anther is implicated in a scandal involving families controlling them. Quite a few leaders of family-controlled business conglomerates, or chaebol, have recently been sent to prison for their fraudulent practices.

In July, Lee Jae-hyun, chairman of CJ Group, was arrested on charges of embezzlement, negligence and tax evasion. He was accused of creating a slush fund after fraudulently taking 100 billion won from the business group and evading 70 billion won in taxes.

대기업이 차례로 그 회사를 운영하는 가족이 포함된 스캔들에 연루되고 있다. 가족 소유 대기업의 상당수의 총수들이 최근에 그들의 사기 관행으로 감옥으로 보내졌다.

7월에 CJ그룹 회장 이재현 씨가 횡령과 방만한 기업 운영, 세금 포탈 혐의로 구속되었다. 그는 그의 기업 그룹으로부터 1000억 원을 부정하게 취하고 700억 원의 세금을 포탈한 후에 비자금 조성 혐의로 기소되었다.

주요구문
one after another 차례대로
is implicated in a scandal 스캔들에 연루되다
on charges of embezzlemen 횡령 혐의

재벌의 탐욕
사기, 세금 포탈 혐의로 재벌 총수들이 기소되다

대기업이 _____
차례로 스캔들에 연루되고 있다 _____
그 회사를 운영하는 가족이 포함된 _____
상당수의 총수들이 _____
재벌인 가족 소유 대기업의 _____
최근에 감옥으로 보내졌다 _____
그들의 사기 관행으로 _____

7월에 _____
CJ그룹 회장 이재현 씨가 _____
횡령 혐의로 구속되었다 _____
방만한 기업 운영과 세금 포탈 혐의로 _____
그는 비자금 조성 혐의로 기소되었다 _____
1000억 원을 부정하게 취한 후에 _____
그의 기업 그룹으로부터 _____
또 700억 원의 세금을 포탈한 후에 _____

Editorial 01 — Chaebol's greed
Tycoons accused of fraud and tax evasion

Last month, an appeals court
upheld a four-year prison term
on Chey Tae-won, chairman of SK Group,
who was found guilty of embezzling 50 billion won
from two group affiliates.
In the same ruling, the court
overturned the acquittal of Chey Jae-won,
the chairman's younger brother
and the group's vice chairman,
and sentenced him to 3 1/2 years in prison
for conspiring with his brother.
He was sent to prison from the courtroom.

The Chey brothers joined Kim Seung-hyun,
chairman of Hanwha Group,
and other top chaebol chairmen
who had been serving prison terms.
Each of them is paying the price for being blinded
by unrestrained greed.

해석 재벌의 탐욕
사기, 세금 포탈 혐의로 재벌 총수들이 기소되다

지난달에 한 **고등법원**은   **appeals court** 항소법원, 고등법원
4년 형기를 그대로 **확정했다**   **uphold** 확정하다, 유지하다
SK그룹 최태원 회장에 대해서
그는 500억 원을 횡령한 유죄가 밝혀졌다
두 개의 그룹 **자회사**로부터   **affiliate** 계열사, 자회사
같은 판결에서 그 법원은
최재원 씨의 **무죄 석방**을 뒤집었다   **acquittal** 무죄 방면
그 회장의 남동생인
그리고 이 그룹의 부회장에 대한
또한 3년 6개월 징역형을 선고했다
그의 형과 같이 **공모**한 혐의로   **conspire** 공모하다
그는 법정에서 바로 감옥으로 보내졌다

최 씨 형제들은 김승현 씨와 합류했다
한화그룹 회장인
그리고 또 다른 재벌 회장들과
감옥에서 형을 살고 있던 이들
그들 중 각각은 눈이 멀어버린 대가를 지급하고 있는 중이다
억제할 수 없는 탐욕으로 말미암아   **unrestrained** 억제되지 않은

EDITORIAL

Last month, an appeals court upheld a four-year prison term on Chey Tae-won, chairman of SK Group, who was found guilty of embezzling 50 billion won from two group affiliates. In the same ruling, the court overturned the acquittal of Chey Jae-won, the chairman's younger brother and the group's vice chairman, and sentenced him to 3 1/2 years in prison for conspiring with his brother. He was sent to prison from the courtroom.

The Chey brothers joined Kim Seung-hyun, chairman of Hanwha Group, and other top chaebol chairmen who had been serving prison terms. Each of them is paying the price for being blinded by unrestrained greed.

지난달 두 개의 그룹 자회사로부터 500억 원을 횡령한 혐의로 유죄판결을 받았던 SK 최태원 회장에 대해서 고등법원은 지방법원에서 판결한 4년 형기를 그대로 확정했다. 같은 판결에서 그 법원은 그 회장의 남동생 최재원 씨 그리고 이 그룹의 부회장에 대한 무죄 석방을 뒤집고 최 씨를 그의 형과 공모한 혐의로 3년 6개월의 징역형을 선고했다. 그는 법정에서 바로 감옥으로 보내졌다.

최 씨 형제들은 한화그룹 회장 김승현 씨 그리고 감옥에서 형을 살고 있던 또 다른 재벌 회장들과 합류했다. 그들 각각은 억제할 수 없는 탐욕으로 말미암아 눈이 멀어버린 대가를 지급하고 있는 중이다.

chairman of SK Group, who was found guilty of embezzling 50 billion won from two group affiliates 두 개의 그룹 자회사에서 500억 원을 횡령한 혐의로 유죄판결을 받았던 SK그룹 회장

to be found guilty of ~으로 유죄 판결을 받다

재벌의 탐욕
사기, 세금 포탈 혐의로 재벌 총수들이 기소되다

지난달에 한 고등법원은 _____
4년 형기를 그대로 확정했다 _____
SK그룹 최태원 회장에 대해서 _____
그는 500억 원을 횡령한 유죄가 밝혀졌다 _____
두 개의 그룹 자회사로부터 _____
같은 판결에서 그 법원은 _____
최재원 씨의 무죄 석방을 뒤집었다 _____
그 회장의 남동생인 _____
그리고 이 그룹의 부회장에 대한 _____
또한 3년 6개월 징역형을 선고했다 _____
그의 형과 같이 공모한 혐의로 _____
그는 법정에서 바로 감옥으로 보내졌다 _____

최 씨 형제들은 김승현 씨와 합류했다 _____
한화그룹 회장인 _____
그리고 또 다른 재벌 회장들과 _____
감옥에서 형을 살고 있던 이들인 _____
그들 중 각각은 눈이 멀어버린 대가를 지급하고 있는 중이다 _____
억제할 수 없는 탐욕으로 말미암아 _____

Chaebol's greed
Tycoons accused of fraud and tax evasion

Editorial 01

A potential addition to the list
of disgraced chaebol leaders
is Cho Suck-rae, chairman of Hyosung Group,
who is suspected of tax evasion.
The prosecution has recently started an investigation
into the case in a follow-up to a conclusion
by the National Tax Service
that Cho engaged
in accounting fraud to dodge taxes.
He is also suspected of siphoning off
from corporate funds
to create a personal slush fund.

The most disconcerting
among the latest cases
is a scandal involving Tong Yang Group,
a chaebol on the verge of dissolution,
whose affiliates allegedly
dumped their bonds
and commercial paper
on unsuspecting individual investors
before filing for receivership
last Monday and Tuesday.
Most notable among the acts of deceit
is the one by Tong Yang Cement.

해석 재벌의 탐욕
사기, 세금 포탈 혐의로 재벌 총수들이 기소되다

이 리스트에 추가될 가능성이 있는 한 사람은
불명예스런 재벌 총수들의   **disgraced** 망신을 당한
조석래 효성그룹 회장이다
그는 **세금 포탈** 혐의를 받고 있다   **tax evasion** 세금 포탈
검찰은 최근 한 수사를 시작했다
결론에 따라 이 사건에 대하여
국세청에 의한   **the National Tax Service** 국세청
그것은 조 씨가 개입했다는   **accounting fraud** 회계 사기
세금을 **피하기** 위하여 회계 사기에   **dodge** 기피하다
그도 역시 **빼돌린** 혐의를 받고 있다   **siphoning off** 빼돌리다
기업의 자금에서
개인의 **비자금**을 조성하기 위하여   **slush fund** 비자금

가장 **당혹스러운** 것은   **disconcerting** 당혹스럽게 하는
최근 사건들 가운데
동양그룹과 관련된 스캔들이다
기업이 와해될 **위기에 처한**   **on the verge of** ~하기 직전의
동양그룹과 자회사들은 의심스럽게
그들의 채권을 **싼 값으로 팔아넘겼다**   **dump** 팔다, 넘기다, 버리다
그리고 **기업 어음**들을   **commercial paper** 기업 어음
신뢰하고 있는 개인 투자가들에게   **unsuspecting** 수상히 여기지 않는
법정 관리를 신청하기 전   **receivership** 법정 관리
지난 월요일과 화요일에
이와 같은 기만 행위 가운데 가장 주목할 만한 것은
동양시멘트의 사기다

EDITORIAL

A potential addition to the list of disgraced chaebol leaders is Cho Suck-rae, chairman of Hyosung Group, who is suspected of tax evasion. The prosecution has recently started an investigation into the case in a follow-up to a conclusion by the National Tax Service that Cho engaged in accounting fraud to dodge taxes. He is also suspected of siphoning off from corporate funds to create a personal slush fund.

The most disconcerting among the latest cases is a scandal involving Tong Yang Group, a chaebol on the verge of dissolution, whose affiliates allegedly dumped their bonds and commercial paper on unsuspecting individual investors before filing for receivership last Monday and Tuesday. Most notable among the acts of deceit is the one by Tong Yang Cement.

이 불명예스런 재벌 총수들의 리스트에 추가될 가능성이 있는 사람은 세금 포탈 혐의를 받고 있는 조석래 효성그룹 회장이다. 검찰은 최근 조 씨가 세금을 피하기 위하여 회계 사기에 개입했다는 국세청의 결론에 따라 이 사건에 대한 수사를 시작했다. 그도 역시 개인 비자금을 조성하기 위하여 기업 자금을 빼돌린 혐의를 받고 있다.

최근 사건들 가운데 가장 실망스러운 것은 기업이 와해될 위기에 처한 동양그룹과 관련된 스캔들이다. 동양그룹의 자회사들은 그들의 채권과 기업 어음을 지난 월요일과 화요일에 법정 관리를 신청하기 전에 신뢰하고 있는 개인 투자가들에게 싼값으로 넘겼다. 이와 같은 기만 행위 가운데 가장 주목할 만한 것은 동양시멘트의 사기다.

a follow-up to a conclusion 결론에 이어
suspected of tax evasion 세금 포탈 혐의
on the verge of dissolution 해체 직전에 놓이다

재벌의 탐욕
사기, 세금 포탈 혐의로 재벌 총수들이 기소되다

이 리스트에 추가될 가능성이 있는 한 사람은 _____
불명예스런 재벌 총수들의 _____
조석래 효성그룹 회장이다 _____
그는 세금 포탈 혐의를 받고 있다 _____
검찰은 최근 한 수사를 시작했다 _____
결론에 따라 이 사건에 대하여 _____
국세청에 의한 _____
그것은 조 씨가 개입했다는 _____
세금을 피하기 위하여 회계 사기에 _____
그도 역시 빼돌린 혐의를 받고 있다 _____
기업의 자금에서 _____
개인의 비자금을 조성하기 위하여 _____

가장 당혹스러운 것은 _____
최근 사건들 가운데 _____
동양그룹과 관련된 스캔들이다 _____
기업이 와해될 위기에 처한 _____
동양그룹과 자회사들은 의심스럽게 _____
그들의 채권을 싼 값으로 팔아넘겼다 _____
그리고 기업 어음들을 _____
신뢰하고 있는 개인 투자가들에게 _____
법정 관리를 신청하기 전 _____
지난 월요일과 화요일에 _____
이와 같은 기만 행위 가운데 가장 주목할 만한 것은 _____
동양시멘트의 사기다 _____

Chaebol's greed
Tycoons accused of fraud and tax evasion

Tong Yang Securities, the group's brokerage,
reportedly set the amount
of Tong Yang Cement bonds
each of its branches would be required to sell.
Branch officials allegedly sweet-talked their clients,
most of them individual investors,
into buying 150 billion won worth of commercial paper
before Tong Yang Cement filed
for a rehabilitation proceeding on Tuesday.
The brokerage,
claiming it was not aware
of Tong Yang Cement's plan to seek receivership,
has petitioned the court to turn down its request.

해석 재벌의 탐욕
사기, 세금 포탈 혐의로 재벌 총수들이 기소되다

동양증권, 동양그룹의 **증권회사**는	**brokerage** 증권회사
양을 정했다고 전해진다	
동양시멘트 주식의	
이 그룹의 지점들이 팔아야 할	
대리점 직원들은 그들의 고객을 유혹한 것으로 전해진다	
그들 중 대부분이 개인투자가들인	
1500억 원의 상업 어음을 사도록	
동양시멘트가 **법정 관리**를 신청하기 전에	**receivership** 법정 관리
화요일에 **복원 절차**를 위한	**rehabilitation proceeding** 복원 절차
이 증권회사는	
알지 못했다고 주장하면서	
법정 관리를 신청할 계획에 대해서	
이 요청을 기각해 줄 것을 법원에 **진정**했다	**petition** 탄원

EDITORIAL

Tong Yang Securities, the group's brokerage, reportedly set the amount of Tong Yang Cement bonds each of its branches would be required to sell. Branch officials allegedly sweet-talked their clients, most of them individual investors, into buying 150 billion won worth of commercial paper before Tong Yang Cement filed for a rehabilitation proceeding on Tuesday. The brokerage, claiming it was not aware of Tong Yang Cement's plan to seek receivership, has petitioned the court to turn down its request.

동양그룹의 증권회사인 동양증권은 이 그룹의 지점들이 팔아야 할 동양시멘트의 주식 양을 정했다고 전해진다. 대리점 직원들은 대부분이 개인 투자가들인 그들의 고객들이 동양시멘트가 화요일에 법정 관리를 신청하기 전에 1500억 원의 상업 어음을 사도록 유혹했다. 이 증권회사는 동양시멘트의 법정 관리 신청 계획에 대해서 알지 못했다고 주장하면서 이 요청을 기각해 줄 것을 진정했다.

Tong Yang Securities, the group's brokerage   그 그룹의 증권회사인 동양증권
brokerage   증권회사
has petitioned the court to turn down its request   법원에 그 요청을 기각시킬 것을 진정했다
turn down   (요청 등을) 기각시키다

재벌의 탐욕
사기, 세금 포탈 혐의로 재벌 총수들이 기소되다

동양증권, 동양그룹의 증권회사는 _____
양을 정했다고 전해진다 _____
동양시멘트 주식의 _____
이 그룹의 지점들이 팔아야 할 _____
대리점 직원들은 그들의 고객을 유혹한 것으로 전해진다 _____
그들 중 대부분이 개인투자가들인 _____
1500억 원의 상업 어음을 사도록 _____
동양시멘트가 법정 관리를 신청하기 전에 _____
화요일에 복원 절차를 위한 _____
이 증권회사는 _____
알지 못했다고 주장하면서 _____
법정 관리를 신청할 계획에 대해서 _____
이 요청을 기각해 줄 것을 법원에 진정했다 _____

Chaebol's greed
Tycoons accused of fraud and tax evasion

Now the prosecution
will have to launch an investigation into an allegation
that Tong Yang Cement issued commercial paper
at the request of Hyun Jae-hyun, group chairman,
who wanted to retain his control of the cement maker.
It will have to prosecute him
if he is found to have swindled investors
to hold a firm grip on the company.

For Hyun and other chaebol leaders,
putting companies under their control
and money making
may be their overriding goals.
What is demanded of them
is not to sacrifice their goals
and become an ethical paragon.
Instead, they are called on
to keep their greed in check
and avoid breaching the law.
That is the least
they are required to do
in this capitalist society.

해석 재벌의 탐욕
사기, 세금 포탈 혐의로 재벌 총수들이 기소되다

이제 검찰은
한 의혹에 대하여 수사를 시작해야 할 것이다
그 의혹은 동양시멘트가 상업 어음을 발행했다는
이 그룹 회장 현재현 씨의 요청을 받아
그가 그 시멘트 제조사의 운영을 **유지**하려고 했던   **retain** 유지
그를 **처벌**해야만 할 것이다.   **prosecute** 기소하다, 처벌하다
만약 그가 투자자들에게 **사기**친 것이 밝혀지면   **swindle** 속이다
이 회사를 **장악**하기 위하여   **grip** 장악

현 씨와 다른 재벌 총수들에 대해서
회사를 자기들 장악하에 두고
돈을 벌겠다는 것은
너무 **지나친** 목표인지도 모른다   **overriding** 지나친
그들에게 요구되는 것은
그들 목표를 희생하라는 것이 아니고
도덕적인 **모범**을 보이는 사람이 되라는 것이다   **paragon** 모범
오히려 그들은 요구된다
욕심을 어느 정도 **자제**하고   **in check** 자제하다
그리고 법 **위반**을 피하라는 것이다   **breaching** 위반
그것이 최소의 일이다
그들이 해야 할
이 자본주의사회에서

EDITORIAL

Now the prosecution will have to launch an investigation into an allegation that Tong Yang Cement issued commercial paper at the request of Hyun Jae-hyun, group chairman, who wanted to retain his control of the cement maker. It will have to prosecute him if he is found to have swindled investors to hold a firm grip on the company.

For Hyun and other chaebol leaders, putting companies under their control and money making may be their overriding goals. What is demanded of them is not to sacrifice their goals and become an ethical paragon. Instead, they are called on to keep their greed in check and avoid breaching the law. That is the least they are required to do in this capitalist society.

검찰은 지금 동양시멘트의 경영권을 유지하기를 원했던 이 그룹 회장 현재현 씨의 요청을 받아 동양시멘트가 채권을 발행했다는 의혹에 대하여 수사를 시작해야 할 것이다. 검찰은 이 사람이 이 회사를 장악하기 위하여 투자가들에게 사기를 친 것이 밝혀지면 그를 처벌해야만 할 것이다.

현 씨와 다른 재벌 총수들에 대해서는 회사를 자기들 장악하에 회사를 놓고 돈을 번다는 것은 그들의 너무 지나친 목표인지도 모른다. 그들에게 요구하는 것은 그들 목표를 희생하라는 것이 아니고 도덕적인 모범을 보이는 사람이 되라는 것이다. 그 대신 그들의 욕심을 어느 정도 자제하고 법을 위반하는 일을 피하라는 것이다. 이것이 그들이 자본주의 사회에서 해야 할 그런 일이다.

주요 구문

launch an investigation into an allegation ~의 혐의에 대해 수사를 시작하다
group chairman, who wanted to retain his control of the cement maker 이 시멘트 회사의 경영권 유지를 원한 그룹 회장은
an ethical paragon 도덕적인 모범

재벌의 탐욕
사기, 세금 포탈 혐의로 재벌 총수들이 기소되다

이제 검찰은 _____
한 의혹에 대하여 수사를 시작해야 할 것이다 _____
그 의혹은 동양시멘트가 상업 어음을 발행했다는 _____
이 그룹 회장인 현재현 씨의 요청을 받아 _____
그가 그 시멘트 제조사의 운영을 유지하려고 했던 _____
그를 처벌해야만 할 것이다 _____
만약 그가 투자가들에게 사기친 것이 밝혀지면 _____
이 회사를 장악하기 위하여 _____

현과 다른 재벌 총수들에 대해서 _____
회사를 자기들 장악하에 두고 _____
돈을 벌겠다는 것은 _____
너무 지나친 목표인지도 모른다 _____
그들에게 요구하는 것은 _____
그들의 목표를 희생하라는 것이 아니고 _____
도덕적인 모범을 보이는 사람이 되라는 것이다 _____
오히려 그들은 요구된다 _____
욕심을 어느 정도 자제하고 _____
그리고 법 위반을 피하라는 것이다 _____
그것이 최소의 일이다 _____
그들이 해야 할 _____
이 자본주의사회에서 _____

The Korea Herald

Editorial

02

South deceived again?

North Korea will not gain from deceitful actions

Editorial 02

South deceived again?
North Korea will not gain from deceitful actions

South Korea
has decided to indefinitely postpone an event,
scheduled for Oct. 31,
to attract foreign investors
to the industrial complex in Gaeseong
across the Demilitarized Zone.
The delay
results from the lack of progress in the talks
with North Korea on cross-border passage,
communication and customs clearance.

In deciding in August
to reopen the industrial complex,
whose operations had been suspended in April,
Seoul and Pyongyang agreed
to facilitate the border passage of personnel
by controlling it
with the use of radio frequency identification technology.
They agreed on cell phone use
and Internet connectivity in the industrial complex
as well as a simplified clearance procedure.
But no progress was made
in the subsequent talks.

[해석] # 남쪽은 또다시 기만당했는가?
기만적인 행동을 통해서 북한이 얻을 것은 아무것도 없을 것이다

한국은	
행사를 **무기한** 연기하기로 결정했다	**indefinitely** 무기한
10월 31일로 계획되었던	
외국인 투자가들을 끌어들이기 위한	
개성**산업공단**에	**industrial complex** 산업공단
휴전선 건너편에 있는	**the Demilitarized Zone** 비무장지대, 휴전선
이 연기는	
대화의 진전 **부족**에서 발생한 것이다	**lack** 부족
북과 남북 경계선 통과에 대한	
통신 그리고 **세관 통관**에 관해서	**customs clearance** 세관 통관
8월 결정에서	
개성공단을 다시 문 열기로	
그 운영이 4월에 **중단**되었던	**suspend** 보류, 정지
서울과 평양 측은 동의했다	
인원의 남북한 경계선 통과를 더 쉽게 하도록	
통제함으로써	
라디오 전파 주파수 신분 확인기술로	
그들은 휴대폰 사용에 동의했고	
산업공단의 인터넷 연결	
그리고 세관 통관 절차를 간소화하는 문제까지	
그러나 어떤 진전도 이루어지지 않았다	
그 **후속** 대화에서	**subsequent** 뒤에 이어지는, 후속, 다음의

EDITORIAL

South Korea has decided to indefinitely postpone an event, scheduled for Oct. 31, to attract foreign investors to the industrial complex in Gaeseong across the Demilitarized Zone. The delay results from the lack of progress in the talks with North Korea on cross-border passage, communication and customs clearance.

In deciding in August to reopen the industrial complex, whose operations had been suspended in April, Seoul and Pyongyang agreed to facilitate the border passage of personnel by controlling it with the use of radio frequency identification technology. They agreed on cell phone use and Internet connectivity in the industrial complex as well as a simplified clearance procedure. But no progress was made in the subsequent talks.

한국은 휴전선 건너편에 있는 개성산업공단에 외국인 투자가들을 끌어들이기 위해 10월 31일로 계획했던 행사를 무기한 연기하기로 결정했다. 이 연기는 남북 경계선 통과와 통신 그리고 세관 통관에 관해서 북과 대화의 진전 부족에서 발생한 것이다.

4월에 운영이 중단되었던 개성공단을 8월에 다시 문 열기로 결정한 서울 측과 평양 측은 라디오 전파 주파수 신분 확인기술로 남북한 통행을 통제함으로써 인원의 남북한 경계선 통과를 더 쉽게 하도록 합의했었다. 그들은 휴대폰 사용과 산업공단의 인터넷 연결 그리고 세관 통관 절차를 간소화하는 문제까지 합의했다. 그러나 그 후속 대화에서 어떤 진전도 이루어지지 않았다.

results from   ~은 ~으로부터 기인된다
results to   ~은 ~으로 되다

남쪽은 또다시 기만당했는가?
기만적인 행동을 통해서 북한이 얻을 것은 아무것도 없을 것이다

한국은 행사를 무기한 연기하기로 결정했다 _____
10월 31일로 계획되었던 _____
외국인 투자가들을 끌어들이기 위한 _____
개성산업공단에 _____
휴전선 건너편에 있는 _____
이 연기는 _____
대화의 진전 부족에서 발생한 것이다 _____
북과 남북 경계선 통과에 대한 _____
통신 그리고 세관 통관에 관해서 _____

8월 결정에서 _____
개성공단을 다시 문 열기로 _____
그 운영이 4월에 중단되었던 _____
서울과 평양 측은 동의했다 _____
인원의 남북한 경계선 통과를 더 쉽게 하도록 _____
통제함으로써 _____
라디오 전파 주파수 신분 확인기술로 _____
그들은 휴대폰 사용에 동의했고 _____
산업공단의 인터넷 연결 _____
그리고 세관 통관 절차를 간소화하는 문제까지 _____
그러나 어떤 진전도 이루어지지 않았다 _____
그 후속 대화에서 _____

South deceived again?
North Korea will not gain from deceitful actions

Now Seoul has no other option
than to shelve its plan
to invite potential foreign companies
to an investment forum.
Who would open factories
in the industrial complex
if passage, communication and clearance
should remain as cumbersome
as it is now?

South Korea believes
the presence of foreign-owned factories
in the industrial complex
is critical in ensuring
that its own factories there will operate
without the kind of arbitrary interruption
that was witnessed in April.
North Korea
shut the industrial complex down,
citing
the launch of a South Korean-U.S. military exercise.

해석 남쪽은 또다시 기만당했는가?
기만적인 행동을 통해서 북한이 얻을 것은 아무것도 없을 것이다

지금 한국 정부는 다른 선택이 없다
당초 계획을 철회하는 것 이외
가능한 외국 회사들을 초청하기로 한
투자설명회에   **forum** 회의, 토론회
누가 공장 문을 열겠는가
개성공단에
만약에 통행, 통신, 세관 통관이 계속 **까다롭다**면   **cumbersome** 어려운
지금과 같이

한국은 믿는다
외국인 소유 공장의 존재가
개성공단 내에
보증하는 중요한 요소라고   **ensure** 보장하다
그곳에 있는 한국 공장이 운영되도록
그런 종류의 **일방적인 중단** 없이   **arbitrary** 임의의, 일방
4월에 목격되었던   **interruption** 중단, 방해

북한은
공단을 폐쇄했다
언급하면서
한미 양국 군 합동훈련 개시를 그 이유로

EDITORIAL

Now Seoul has no other option than to shelve its plan to invite potential foreign companies to an investment forum. Who would open factories in the industrial complex if passage, communication and clearance should remain as cumbersome as it is now?

South Korea believes the presence of foreign-owned factories in the industrial complex is critical in ensuring that its own factories there will operate without the kind of arbitrary interruption that was witnessed in April. North Korea shut the industrial complex down, citing the launch of a South Korean-U.S. military exercise.

지금 한국 정부는 가능한 외국 회사들을 투자설명회에 초청하기로 한 당초 계획을 철회하는 것 이외에 다른 선택이 없다. 만약에 통행, 통신, 세관 통관이 지금과 같이 계속 까다롭다면 누가 개성공단에 공장 문을 열겠는가?

한국은 개성공단에 외국인 소유 공장의 존재가 그곳에 있는 한국 공장이 4월에 목격되었던 그런 종류의 일방적으로 중단하지 않고 틀림없이 영업할 수 있도록 만드는 중요한 요소라고 믿는다. 북한은 공단을 폐쇄했고 그 이유를 한미 양국 군 합동 훈련이 원인이라고 하였다.

(something) is critical in **ensuring that** its own factories there will operate without the kind of arbitrary interruption   ~을 확실하게 만들다

남쪽은 또다시 기만당했는가?
기만적인 행동을 통해서 북한이 얻을 것은 아무것도 없을 것이다

지금 한국 정부는 다른 선택이 없다 _____
당초 계획을 철회하는 것 이외 _____
가능한 외국 회사들을 초청하기로 한 _____
투자설명회에 _____
누가 개성공단에 공장 문을 열겠는가 _____
만약에 통행, 통신, 세관 통관이 계속 까다롭다면 _____
지금과 같이 _____

한국은 믿는다 _____
외국인 소유 공장의 존재가 _____
개성공단 내에 _____
보증하는 중요한 요소라고 _____
그곳에 있는 한국 공장이 운영되도록 _____
그런 종류의 일방적인 중단 없이 _____
4월에 목격되었던 _____
북한은 _____
공단을 폐쇄했다 _____
언급하면서 _____
한미 양국 군 합동 훈련 개시를 그 이유로 _____

Editorial 02 South deceived again?
North Korea will not gain from deceitful actions

But it did not take long before
the cash-strapped Pyongyang
called on Seoul
to permit South Korean companies
to resume operations in the complex.
South Korea demurred,
demanding a guarantee
that the industrial complex would not be shut down
for political reasons again.

Permission
to foreign companies to open factories
in the industrial complex
was among the preconditions set
by the South for its compliance
with the North Korean request.
If North Korea ever wished
to advance its economy
with the help of foreign capital,
as the South Korean theory went,
it would find it much more difficult
to suspend operations in the industrial complex
at the expense of foreign
as well as South Korean factories.?

해석 **남쪽은 또다시 기만당했는가?**
기만적인 행동을 통해서 북한이 얻을 것은 아무것도 없을 것이다

그러나 머지않아
현금이 부족한 평양은
한국 정부에 요구했다
남한의 회사들이 허용하도록
개성공단에서 영업을 다시 재개하도록
한국 정부는 이를 **받아들이지 않았다**   **demur** 반대, 이의를 제기하다
보증을 요구하면서
개성공단이 문을 닫지 않을 것이라는
또 다시 정치적 이유로 인해

승인은
외국회사가 공장을 열기 위한
개성산업공단에서
사전 조건 중의 하나였다   **preconditions** 사전 조건
한국이 **수용하기 위한**   **compliance** 준수
북한의 요구에 대해
만약 북한이 앞으로 희망한다면
자신들의 경제를 **발전시키기** 위해   **advance** 발전시키다
외국 자본의 도움으로
한국의 논리와 마찬가지로
북한은 더욱 어렵다는 것을 알게 될 것이다
그 공단의 영업을 중단시키는 것은
외국 공장을 **희생시키면**서까지   **expense** 희생시키다
남한 공장과 마찬가지로

EDITORIAL

But it did not take long before the cash-strapped Pyongyang called on Seoul to permit South Korean companies to resume operations in the complex. South Korea demurred, demanding a guarantee that the industrial complex would not be shut down for political reasons again.

Permission to foreign companies to open factories in the industrial complex was among the preconditions set by the South for its compliance with the North Korean request. If North Korea ever wished to advance its economy with the help of foreign capital, as the South Korean theory went, it would find it much more difficult to suspend operations in the industrial complex at the expense of foreign as well as South Korean factories?

그러나 머지않아 현금이 부족한 평양은 한국 정부에 남한의 회사들이 개성공단에서 다시 영업을 다시 시작할 수 있도록 요구했다. 한국 정부는 이를 받아들이지 않고 개성공단이 또 다시 정치적 이유로 해서 문을 닫지 않을 것이라는 보증을 요구했다.

개성공단에서 외국회사가 공장을 열기 위한 승인은 한국이 북한 요구를 받아들일 수 있는 사전 조건이었다. 만약에 북한이 앞으로 자신들의 경제를 외국 자본의 도움으로 발전시키기를 희망한다면 한국의 논리와 마찬가지로 북한은 남한 공장의 경우처럼 외국 공장을 희생시키면서까지 그 공단 영업을 중단시키는 것은 더욱 어렵다는 것을 알게 될 것이다 .

남쪽은 또다시 기만당했는가?
기만적인 행동을 통해서 북한이 얻을 것은 아무것도 없을 것이다

그러나 머지않아 _____

현금이 부족한 평양은 _____

한국 정부에 요구했다 _____

남한의 회사들이 허용하도록 _____

개성공단에서 영업을 다시 재개하도록 _____

한국 정부는 이를 받아들이지 않았다 _____

보증을 요구하면서 _____

개성공단이 문을 닫지 않을 것이라는 _____

또 다시 정치적 이유로 해서 _____

승인은 _____

외국회사가 공장을 열기 위한 _____

개성산업공단에서 _____

사전 조건 중의 하나였다. _____

한국이 수용하기 위한 _____

북한의 요구에 대해 _____

만약 북한이 앞으로 희망한다면 _____

자신들의 경제를 발전시키기를 _____

외국 자본의 도움으로 _____

한국의 논리와 마찬가지로 _____

북한은 더욱 어렵다는 것을 알게 될 것이다 _____

그 공단 영업을 중단시키는 것은 _____

외국 공장을 희생시키면서까지 _____

남한 공장과 마찬가지로 _____

South deceived again?
North Korea will not gain from deceitful actions

A month has elapsed
since the industrial complex resumed operations.
But the deceitful North
is refusing to make good on its promise
to improve cross-border passage, communication
and customs clearance.
Instead, it has resumed a propaganda war
against South Korea,
hurling diatribes
against President Park Geun-hye,
who had called on Pyongyang
to abandon its nuclear weapons program
for peace on the Korean Peninsula.
North Korea,
which is proving untrustworthy again,
should be reminded
that it has nothing much to gain
from the standoff in negotiations.

해석
남쪽은 또다시 기만당했는가?
기만적인 행동을 통해서 북한이 얻을 것은 아무것도 없을 것이다

한 달이 **경과했다**	**elapse** 경과하다, 지나다
개성공단이 영업을 재개한 이래로	
그러나 **기만적인** 북한은	**deceitful** 기만적인, 사기의
약속 이행을 거절하고 있다	
남북한 국경선 통행과 통신을 개선하겠다는	
그리고 통관 절차를	
오히려 북한은 선전 전쟁을 재개했다	
남한을 상대로	
인신공격을 던지면서	**hurling** 던지기, 헐링 **diatribe** 통렬한 비난, 혹평
박근혜 대통령에 대해서	
평양에 촉구한 그녀인	
핵무기를 포기하도록	
한반도의 평화를 위해서	
북한은	
또 다시 **믿을 수 없음**을 입증하고 있는	**untrustworthy** 신뢰할 수 없는
기억해야 할 것이다	
얻을 수 있는 것은 별로 없다는 사실을	
협상에서 **고자세**를 취해서	**standoff** 고립, 교착상태

EDITORIAL

A month has elapsed since the industrial complex resumed operations. But the deceitful North is refusing to make good on its promise to improve cross-border passage, communication and customs clearance. Instead, it has resumed a propaganda war against South Korea, hurling diatribes against President Park Geun-hye, who had called on Pyongyang to abandon its nuclear weapons program for peace on the Korean Peninsula. North Korea, which is proving untrustworthy again, should be reminded that it has nothing much to gain from the standoff in negotiations.

개성공단이 영업을 재개한 이래로 한 달이 경과했다. 그러나 기만적인 북한은 남북한 국경선 통행과 통신 그리고 통관 절차를 개선하겠다는 약속 이행을 거절하고 있다. 오히려 북한은 남한을 상대로 선전 전쟁을 재개했고 한반도의 평화를 위해서 핵무기를 포기하도록 평양에 촉구한 박근혜 대통령에 대해서 인신공격을 던졌다. 또 다시 믿을 수 없음을 입증하고 있는 북한은 협상에서 고자세를 취해서 얻을 수 있는 것은 별로 없다는 사실을 기억해야 할 것이다.

make good on its promise 약속을 이행하다

남쪽은 또다시 기만당했는가?
기만적인 행동을 통해서 북한이 얻을 것은 아무것도 없을 것이다

한 달이 경과했다 _____

개성공단이 영업을 재개한 이래로 _____

그러나 기만적인 북한은 _____

약속 이행을 거절하고 있다 _____

남북한 국경선 통행과 통신을 개선하겠다는 _____

그리고 통관 절차를 _____

오히려 북한은 선전 전쟁을 재개했다 _____

남한을 상대로 _____

인신공격을 던지면서 _____

박근혜 대통령에 대해서 _____

평양에 촉구한 그녀인 _____

핵무기를 포기하도록 _____

한반도의 평화를 위해서 _____

북한은 _____

또 다시 믿을 수 없음을 입증하고 있는 _____

기억해야 할 것이다 _____

얻을 수 있는 것은 별로 없다는 사실을 _____

협상에서 고자세를 취해서 _____

The Korea Herald

Editorial

03

Improper match-up

OPCON transfer should not be tied to missile defense

Improper match-up
OPCON transfer should not be tied to missile defense

The U.S. has suggested
considering another delay
in the transfer of wartime operational control
to South Korea,
but apparently with a precondition
that Seoul finds hard to accept.

Top U.S. officials
have recently increased pressure on Seoul
to join the Pentagon-led global missile shield program, implying
that its participation
would facilitate discussion
on putting off the OPCON handover
slated for December 2015.
They cite the need to counter threats
from North Korea's ballistic missiles,
but South Korea's decision
to join the multilayered missile defense scheme
is certain to strain its ties with China.
For Seoul,
it is a more reasonable choice
to establish a separate low-tier defense system
against Pyongyang's threats.

해석 # 부적절한 연합
전시작전권 전환은 미사일 방어와 연계돼서는 안 된다

미국은 밝혔다
또 다시 연기를 고려하겠다고
전시작전통제권을 이양하는데　　　　　　**wartime operational control** 전시작전통제권
한국에
그러나 분명히 **사전 조건**이 있다　　　　　　**precondition** 필수 조건, 전제 조건
한국이 받아들이기 어려운

미국 고위 관리들은
최근 한국 정부에 압력을 더욱 증가시켰다
미 국방부가 주도한 글로벌 미사일 **방어** 프로그램에 가입하도록　**shield** 보호하다, 방패, 감싸다
이는 이런 의미이다
한국 참여가
토론을 가능하게 해줄 수 있다는
전시작전권 이전을 **연기**하는　　　　　　　　**handover** 이양, 양도
2015년 12월로 **예정된**　　　　　　　　　　　**slated for** 예정되다, 계획하다
그들은 위협에 대처할 필요성이 있다는 것을 말하지만
북한의 **탄도 유도탄**으로부터　　　　　　　　**ballistic missile** 탄도 미사일
그러나 한국의 결정은
다층 미사일 방어 계획에 한국이 참여하는　　**multilayered** 다층의, 복잡한
중국과의 유대관계를 불안하게 만들 것이 확실하다
한국 정부로서는
더욱 합리적인 선택이다
별도의 저단계 방위시스템을 설치하는 것이
평양의 위협에 대한

EDITORIAL

The U.S. has suggested considering another delay in the transfer of wartime operational control to South Korea, but apparently with a precondition that Seoul finds hard to accept.

Top U.S. officials have recently increased pressure on Seoul to join the Pentagon-led global missile shield program, implying that its participation would facilitate discussion on putting off the OPCON handover slated for December 2015. They cite the need to counter threats from North Korea's ballistic missiles, but South Korea's decision to join the multilayered missile defense scheme is certain to strain its ties with China. For Seoul, it is a more reasonable choice to establish a separate low-tier defense system against Pyongyang's threats.

미국은 전시작전권을 한국에 전환하는데 또 다시 연기를 고려하겠다고 밝혔다. 그러나 분명히 한국이 받아들이기는 어려운 사전 조건이 있다.

미국 고위 관리들은 최근 국방부가 주도하는 글로벌 미사일 방어 프로그램에 한국이 가입하도록 압력을 더욱 증가시켰고 이는 한국 참여가 2015년 12월로 예정된 전시작전권 이전을 연기하는 토론을 가능하게 해줄 수 있다는 것을 의미한다. 그들은 북한의 탄도 유도탄 미사일의 위협에 대처할 필요성이 있다는 것을 말하지만 다층 미사일 방어 계획에 한국이 참여하는 결정은 중국과의 관계를 불안하게 만들 것이 확실하다. 서울 정부로서는 평양의 위협에 대한 별도의 저단계 방위 시스템을 설치하는 것이 더욱 합리적인 선택이다.

주요구문

suggested considering(동명사)   고려할 것을 제안했다
discussion on something   ~에 대한 토론
discussion on putting off   지연에 관한 논의
OPCON handover   전작권 이양
(which is) slated for   ~으로 예정된   = schedule for

영작 연습

부적절한 연합
전시작전권 전환은 미사일 방어와 연계돼서는 안 된다

미국은 밝혔다 _____
또 다시 연기를 고려하겠다고 _____
전시작전통제권을 이양하는데 _____
한국에 _____
그러나 분명히 사전 조건이 있다 _____
한국이 받아들이기 어려운 _____

미국 고위 관리들은 _____
최근 한국 정부에 압력을 더욱 증가시켰다 _____
미 국방부가 주도한 글로벌 미사일 방어 프로그램에 가입하도록 _____
이는 이런 의미이다 _____
한국 참여가 _____
토론을 가능하게 해줄 수 있다는 _____
전시작전권 이전을 연기하는 _____
2015년 12월로 예정된 _____
그들은 위협에 대처할 필요성이 있다는 것을 말하지만 _____
북한의 탄도 유도탄으로부터 _____
그러나 한국의 결정은 _____
다층 미사일 방어 계획에 한국이 참여하는 _____
중국과의 유대관계를 불안하게 만들 것이 확실하다 _____
한국 정부로서는 _____
더욱 합리적인 선택이다 _____
별도의 저단계 방위시스템을 설치하는 것이 _____
평양의 위협에 대한 _____

Editorial 03

Improper match-up
OPCON transfer should not be tied to missile defense

South Korean and U.S. defense chiefs appeared to have gone as far as was allowed by current conditions by sharing the need to reconsider the timing of the OPCON transfer and agreeing to continue specific consultations during their annual Security Consultative Meeting in Seoul on Wednesday.

Wartime operational control was originally set to be handed over to Seoul in April 2012. But Seoul asked for a rescheduling shortly after North Korea's deadly torpedo attack on a South Korean warship in 2010. Washington accepted the request.

해석 # 부적절한 연합
전시작전권 전환은 미사일 방어와 연계돼서는 안 된다

한미 방위 장관들은
많은 진전을 한 것같이 보인다
현재 조건이 허용되는 만큼
재고해 볼 필요성을 공유함으로써
전시작전권 이양 시기를
그리고 구체적인 토의를 계속하는 데 합의함으로써
연차 안보 **회담** 동안에   **consultation** 협의, 회의
수요일 서울에서

전시작전통제권은
원칙적으로 이양하기로 되어 있었다
2012년 4월에 한국 정부에
그러나 한국 정부는 재수정을 요구했다
많은 사상자를 낸 북한의 **어뢰** 공격 바로 직후에   **torpedo** 어뢰
2010년도에 한국 군함에 대한
워싱턴은 이 요구를 받아들였다

EDITORIAL

South Korean and U.S. defense chiefs appeared to have gone as far as was allowed by current conditions by sharing the need to reconsider the timing of the OPCON transfer and agreeing to continue specific consultations during their annual Security Consultative Meeting in Seoul on Wednesday.

Wartime operational control was originally set to be handed over to Seoul in April 2012. But Seoul asked for a rescheduling shortly after North Korea's deadly torpedo attack on a South Korean warship in 2010. Washington accepted the request.

한미 방위 장관들은 전시작전권 이양 시기를 재고해 볼 필요성을 공유함으로써 그리고 수요일 서울에서 연차 안보 회담 동안에 구체적인 토의를 계속하는데 합의함으로써 현재 조건이 허용되는 만큼 많은 진전을 한 것같이 보인다.

전시작전통제권은 원칙적으로 2012년 4월 한국 정부에 이양하기로 되어 있었다. 그러나 한국 정부는 2010년도에 많은 사상자를 냈던 한국 군함에 대한 북한의 어뢰 공격 바로 직후에 재수정을 요구했다. 워싱턴은 이 요구를 받아들였다.

operational control was originally set to be handed over 전작권은 본래대로 이양될 예정이었다.

부적절한 연합
전시작전권 전환은 미사일 방어와 연계돼서는 안 된다

한미 방위 장관들은 _____
많은 진전을 한 것같이 보인다 _____
현재 조건이 허용되는 만큼 _____
재고해 볼 필요성을 공유함으로써 _____
전시작전권 이양 시기를 _____
그리고 구체적인 토의를 계속하는데 합의함으로써 _____
연차 안보 회담 동안에 _____
수요일 서울에서 _____

전시작전통제권은 _____
원칙적으로 이양하기로 되어 있었다 _____
2012년 4월에 한국 정부에 _____
그러나 한국 정부는 재수정을 요구했다 _____
많은 사상자를 낸 북한의 어뢰 공격 바로 직후에 _____
2010년도에 한국 군함에 대한 _____
워싱턴은 이 요구를 받아들였다 _____

Editorial 03

Improper match-up
OPCON transfer should not be tied to missile defense

As this paper has noted,
the OPCON transition
should be a process absolutely free of any potential risk.
The decision on the right timing
must be tied to critical security variables
such as Pyongyang's third
and latest nuclear test in February
rather than dates previously agreed upon.
Maintaining the current allied defense structure
would be more effective
in resolving the North Korean nuclear problem
and could remain an essential buffer
against a possible failure to denuclearize the North.

해석 ## 부적절한 연합
전시작전권 전환은 미사일 방어와 연계돼서는 안 된다

이 서류가 언급하는 바와 같이
전시작전권 **전환**은   **transition** 전환, 이양
어떠한 위험 부담과 관계없는 절차가 되어야 한다
올바른 시기에 대한 결정은
위험스런 안보의 다양한 요소와 연관되어야만 한다
평양의 3차와 같은
그리고 최근 2월의 핵실험과 같은
이전에 합의된 날짜보다
현재의 **연합** 방위체제를 유지하는 것은   **allied** 동맹한, 공동의, 연합군
더욱 효과적으로 될 것이다
북한 핵 프로그램을 해결하는 데
그리고 필요한 **완충** 역할을 할 수도 있다   **buffer** 완화하다
어쩌면 북한을 비핵화시키지 못한 데 대한

EDITORIAL

As this paper has noted, the OPCON transition should be a process absolutely free of any potential risk. The decision on the right timing must be tied to critical security variables such as Pyongyang's third and latest nuclear test in February rather than dates previously agreed upon. Maintaining the current allied defense structure would be more effective in resolving the North Korean nuclear problem and could remain an essential buffer against a possible failure to denuclearize the North.

이 서류가 언급하는 바와 같이 전시작전권 이양은 어떠한 위험 부담과 관계없는 절차가 되어야 한다. 올바른 시기에 대한 결정은 평양의 3차 그리고 이전에 합의된 날짜보다 최근 2월의 핵실험과 같은 위험스런 안보의 다양한 요소와 연관되어야만 한다. 현재의 연합 방위체제를 유지하는 것은 북한 핵 프로그램을 해결하는데 더욱 효과적으로 될 것이며 이것은 어쩌면 북한을 비핵화시키지 못한 데 대한 필요한 완충 역할을 할 수도 있다.

> **주요구문**
> the OPCON transition should be a process absolutely free of any potential risk.
> 전시작전통제권 이양은 어떠한 위험 부담도 없는 절차가 되어야 한다.

부적절한 연합
전시작전권 전환은 미사일 방어와 연계돼서는 안 된다

이 서류가 언급하는 바와 같이 _____

전시작전권 전환은 _____

어떠한 위험 부담과 관계없는 절차가 되어야 한다 _____

올바른 시기에 대한 결정은 _____

위험스런 안보의 다양한 요소와 연관되어야만 한다 _____

평양의 3차와 같은 _____

그리고 최근 2월의 핵실험과 같은 _____

이전에 합의된 날짜보다 _____

현재의 연합 방위체제를 유지하는 것은 _____

더욱 효과적으로 될 것이다 _____

북한 핵 프로그램을 해결하는 데 _____

그리고 필요한 완충 역할을 할 수도 있다 _____

어쩌면 북한을 비핵화시키지 못한 데 대한 _____

Editorial 03 — Improper match-up
OPCON transfer should not be tied to missile defense

Building
an effective global missile shield
may be a top strategic priority for U.S. officials.
But their move to tie Seoul's participation
in the program to an agreement
to delay the OPCON transfer
would hardly sound persuasive
to the South Korean public.

Seoul and Washington
need to strengthen coordination to ensure
that their alliance will not be affected
by a possible entanglement of the two matters.
As some experts suggest,
consideration may be given
to heightening the interoperability
between the U.S.-led joint missile shield
and South Korea's separate system.

해석 # 부적절한 연합
전시작전권 전환은 미사일 방어와 연계돼서는 안 된다

구축하는 것은
효과적인 글로벌 방위체제를
미국 관리들의 가장 전략적인 **우선정책**인지도 모른다　　　　　　**priority** 우선과제
그러나 서울 참여를 연계시키려고 하는 미국의 움직임은
이 프로그램에 대한 동의와
전작권 전환 연기 합의에 있어서
거의 설득적인 것으로 들리지 않을 것이다
한국 일반 대중들에게

한미 양국은
협력을 강화시킬 필요성이 있다
그들의 동맹이 영향을 받아서는 안 되도록 하기 위하여
이 두 가지 문제에 서로 **휘말려서**　　　　　　**entanglement** 얽힘, 연루
일부 전문가들이 제안하는 바와 같이
고려가 주어질지도 모른다
상호 협력관계를 강화시키는　　　　　　**interoperability** 동맹국에 의한 상호이용
미국이 주도하는 합동미사일 방어와
한국의 개별적인 시스템 사이의

EDITORIAL

Building an effective global missile shield may be a top strategic priority for U.S. officials. But their move to tie Seoul's participation in the program to an agreement to delay the OPCON transfer would hardly sound persuasive to the South Korean public.

Seoul and Washington need to strengthen coordination to ensure that their alliance will not be affected by a possible entanglement of the two matters. As some experts suggest, consideration may be given to heightening the interoperability between the U.S.-led joint missile shield and South Korea's separate system.

효과적인 글로벌 방위체제를 구축하는 것이 미국 관리들의 가장 전략적인 우선 정책인지도 모른다. 그러나 이 프로그램에 서울이 참여하는 것을 전작권 전환의 연기 합의와 연계시키려고 하는 미국의 움직임은 한국 일반 대중들에게는 거의 설득적인 것으로는 들리지 않을 것이다.

한미 양국은 그들의 동맹이 이 두 가지 문제에 서로 휘말려서 영향을 받아서는 안 되도록 하기 위하여 협력을 강화시킬 필요성이 있다. 일부 전문가들이 제안하는 바와 같이 미국이 주도하는 합동미사일 방어와 한국의 개별적인 시스템 사이의 상호 호환관계를 강화시키는 고려가 주어질지도 모른다.

> **주요구문** their alliance will not be affected by a possible entanglement of the two matters 이 두 가지의 갈등 소지가 있어도 그들의 동맹관계는 영향 받지 않을 것이다.

부적절한 연합
전시작전권 전환은 미사일 방어와 연계돼서는 안 된다

구축하는 것은 _____

효과적인 글로벌 방위체제를 _____

미국 관리들의 가장 전략적인 우선정책인지도 모른다 _____

그러나 서울 참여를 연계시키려고 하는 미국의 움직임은 _____

이 프로그램에 대한 동의와 _____

전작권 전환 연기 합의에 있어서 _____

거의 설득적인 것으로 들리지 않을 것이다 _____

한국 일반 대중들에게 _____

한미 양국은 _____

협력을 강화시킬 필요성이 있다 _____

그들의 동맹이 영향을 받아서는 안 되도록 하기 위하여 _____

이 두 가지 문제에 서로 휘말려서 _____

일부 전문가들이 제안하는 바와 같이 _____

고려가 주어질지도 모른다 _____

상호 협력관계를 강화시키는 _____

미국이 주도하는 합동미사일 방어와 _____

한국의 개별적인 시스템 사이의 _____

The Korea Herald

Editorial

04

Korean Freikauf model

POWs, abductees should be brought back

Editorial 04

Korean Freikauf model

POWs, abductees should be brought back

Many Koreans last week came to know, or were reminded of, a German word that may have been obliterated from the memory of most Germans.

In a parliamentary audit session, Unification Minister Ryoo Kihl-jae said that Seoul was looking into the feasibility of adopting the Freikauf model as a tool to bring back South Koreans held in North Korea. The policy, which means "buying freedom," was implemented by West Germany during the Cold War era to secure the release of East German political prisoners to enable them to come to the West.

[해석] # 한국의 프라이카우프 모델: 자유를 사다
포로와 유괴된 사람은 송환되어야 한다

지난주에 많은 한국인들은
알게 되었거나 연상되었다
독일어 단어를
대부분의 독일인들 기억 속에 다 **지워졌는지**도 모르는　　　　　　**obliterate** 지우다

국정감사 기간 동안　　　　　　　　　　　　　　　　　　**audit** 회계 감사
통일부 장관 류길재는 말했다　　　　　　　　**Unification Minister** 통일부 장관
한국은 **가능성**이 있는가를 조사하고 있다고　　　　　　**feasibility** 실현 가능성
독일의 프라이카우프 모델을 채택할 수 있는
기구로써
북한에 억류된 한국 사람들을 데리고 오는
이 정책은 자유를 사다라는 의미로
서독에 의해서 **도입되었다**　　　　　　　　　　　**implement** 시행하다, 실시하다
냉전 시대 동안에　　　　　　　　　　　　　　　　**the Cold War era** 냉전 시대
동독 정치범들을 석방하여
그들을 서독으로 올 수 있게 만들기 위하여

EDITORIAL

Many Koreans last week came to know, or were reminded of, a German word that may have been obliterated from the memory of most Germans.

In a parliamentary audit session, Unification Minister Ryoo Kihl-jae said that Seoul was looking into the feasibility of adopting the Freikauf model as a tool to bring back South Koreans held in North Korea. The policy, which means "buying freedom," was implemented by West Germany during the Cold War era to secure the release of East German political prisoners to enable them to come to the West.

지난주에 많은 한국인들은 대부분 독일인들의 기억 속에 다 지워졌는지도 모르는 독일어 단어를 알게 되었거나 그것이 연상되었다.

국정감사 기간 동안 통일부 장관 류길재는 한국은 독일의 프라이카우프 모델을 이북에 억류된 한국 사람들을 데리고 오는 기구로써 채택해볼 수 있는 가능성이 있는가를 조사하고 있다고 말했다. '자유를 사다' 라는 의미의 이 정책은 냉전 시대 동안에 동독 정치범들을 석방하여 그들을 서독으로 올 수 있게 만들기 위하여 서독에 의해서 도입되었다.

주요 구문

were reminded of ~을 기억하다
something is obliterated from memory of most Germans ~이 대부분의 독일사람들 기억에서 다 지워지다

영작 연습

한국의 프라이카우프 모델: 자유를 사다
포로와 유괴된 사람은 송환되어야 한다

지난주에 많은 한국인들은 _____

알게 되었거나 연상되었다 _____

독일어 단어를 _____

대부분 독일인들의 기억 속에 다 지워졌는지도 모르는 _____

국정감사 기간 동안 _____

통일부 장관 류길재는 말했다 _____

한국은 가능성이 있는가를 조사하고 있다고 _____

독일의 프라이카우프 모델을 채택할 수 있는 _____

기구로써 _____

북한에 억류된 한국 사람들을 데리고 오는 _____

이 정책은 '자유를 사다' 라는 의미로 _____

서독에 의해서 도입되었다 _____

냉전 시대 동안에 _____

동독 정치범들을 석방하여 _____

그들을 서독으로 올 수 있게 만들기 위하여 _____

Korean Freikauf model
POWs, abductees should be brought back

The minister made the remark
in response to a question
from an opposition party lawmaker
about whether the government intended
to introduce a "Korean version of Freikauf"
for the repatriation
of South Korean prisoners of war and abductees detained
by Pyongyang for decades.

Most commentators here
have given little credence to the will
of the Seoul government to push for the policy,
which they note is implausible
under the current circumstances
surrounding inter-Koreans relations.
The Unification Ministry was said
to have suggested adopting the Freikauf method
in its report to the transition committee
for then President-elect Park Geun-hye in January
But no serious debate has
since been made
about whether and how to apply the model
to the situation between the two Koreas

[해석] 한국의 프라이카우프 모델: 자유를 사다
포로와 유괴된 사람은 송환되어야 한다

통일원 장관은 언급을 했다
질문에 대한 답으로
야당 의원들로부터 나온
한국 정부도 의사가 있는가에 대해서
프라이카우프의 한국형 모델을 도입할
송환시키기 위하여 **repatriation** 본국 송환
한국 전쟁포로와 유괴당해 억류된 사람들을
수십 년간 평양에 의해

대부분의 이곳 **시사 해설가들**은 **commentator** 시사 해설자, 주석자
의사에 대해서 신뢰를 거의 주지 않고 있다 **credence** 신용, 신뢰
한국 정부가 이 정책을 추진한다는
가능성이 별로 없다고 그들이 말하고 있는 **implausible** 받아들이기 어려운
현재 상황에서
남북한 관계를 둘러싸고 있는
통일부는 언급했다
프라이카우프 방법을 채택할 것을 제안한 것으로
정권 이양 팀의 보고서에서
1월에 그 당시 대통령 당선자 박근혜 씨를 위한
그러나 진지한 토론이 없었다
그 이래로
이 모델을 적용할 것인가 한다면 어떻게 할 것인가에 관해서
남북한 사이의 이 상황에

EDITORIAL

The minister made the remark in response to a question from an opposition party lawmaker about whether the government intended to introduce a "Korean version of Freikauf" for the repatriation of South Korean prisoners of war and abductees detained by Pyongyang for decades.?

Most commentators here have given little credence to the will of the Seoul government to push for the policy, which they note is implausible under the current circumstances surrounding inter-Koreans relations. The Unification Ministry was said to have suggested adopting the Freikauf method in its report to the transition committee for then President-elect Park Geun-hye in January. But no serious debate has since been made about whether and how to apply the model to the situation between the two Koreas.

통일원 장관은 수십 년간 평양에 억류된 한국 전쟁포로나 납치범들을 송환시키기 위하여 한국 정부도 프라이카우프의 한국형 모델을 도입할 의사가 있는가에 대해서 야당의원들로부터 받은 질문에 대한 답으로 그러한 언급을 했다.

대부분의 이곳 시사 해설가들은 서울 정부가 남북한 관계를 둘러싸고 있는 현재 상황으로는 가능성이 별로 없다고 말하는 이 정책 추진에 대해서 한국 정부의 의사가 있는지에 대해서 별로 신뢰감이 없다고 한다. 통일부는 1월에 그 당시 대통령 당선자 박근혜 씨를 위한 정권 이양 팀의 보고서에서 프라이카우프 방법을 채택할 것을 제안한 것으로 언급되고 있다. 그러나 그 이후 이 점에 대해서 남북한 사이의 이 상황에 이 모델을 적용할 것인가 한다면 어떻게 할 것인가에 관해 진지한 토론은 이루어지지 않았다.

give little credence to the will of the Seoul government   한국 정부 의지에 거의 신뢰도를 갖지 않다

한국의 프라이카우프 모델: 자유를 사다
포로와 유괴된 사람은 송환되어야 한다

통일원 장관은 언급을 했다 _____
질문에 대한 답으로 _____
야당 의원들로부터 나온 _____
한국 정부도 의사가 있는가에 대해서 _____
프라이카우프의 한국형 모델을 도입할 _____
송환시키기 위하여 _____
한국 전쟁포로와 유괴당해 억류된 사람들을 _____
수십 년간 평양에 의해 _____

대부분의 이곳 시사 해설가들은 _____
의사에 대해서 신뢰를 거의 주지 않고 있다 _____
한국 정부가 이 정책을 추진한다는 _____
가능성이 별로 없다고 그들이 말하고 있는 _____
현재 상황에서 _____
남북한 관계를 둘러싸고 있는 _____
통일부는 언급했다 _____
프라이카우프 방법을 채택할 것을 제안한 것으로 _____
정권 이양 팀의 보고서에서 _____
1월에 그 당시 대통령 당선자 박근혜 씨를 위한 _____
그러나 진지한 토론이 없었다 _____
그 이래로 _____
이 모델을 적용할 것인가 한다면 어떻게 할 것인가에 관해서 _____
남북한 사이의 이 상황에 _____

Korean Freikauf model
POWs, abductees should be brought back

With inter-Korean ties strained
after a brief sign of thaw
following a deal to reopen a joint factory park
in the North last month,
it may appear
somewhat out of tune
to address the formula likely to be shunned
by the oppressive regime in Pyongyang.
But the renewed interest in the German model
is meaningful at least
in bolstering our dwindled attention
to hundreds of South Korean POWs and abductees
and hundreds of thousands of political prisoners
in the North.

해석 한국의 프라이카우프 모델: 자유를 사다
포로와 유괴된 사람은 송환되어야 한다

남북한 관계가 **긴장**되어 있음으로 해서	**strained** 긴장된
해동기가 잠시 보인 후에	**thaw** 녹다, 해빙기
합동 공단을 재개하기 위한 협상을 한 이후에	
지난달에 북쪽에서	
남북한 관계가 이제는 보일 수도 있다	
어느 정도 상황이 맞지 않는 것으로	
기피되고 있는 이 공식을 이용하기에는	**shun** 피하다
평양의 **독재** 정권에 의해서	**oppressive** 압제적인
그러나 독일 모델에 대한 새로운 관심은	
적어도 중요한 의미가 있다	**dwindle** 줄어들다
우리들의 **멀어진** 관심을 끌어올리는데	**bolster** 강화하다
남한의 포로 **납치자** 수백 명	**abductee** 유괴당한 사람
정치범 수십만 명에 대한	
북한에 있는	

EDITORIAL

With inter-Korean ties strained after a brief sign of thaw following a deal to reopen a joint factory park in the North last month, it may appear somewhat out of tune to address the formula likely to be shunned by the oppressive regime in Pyongyang. But the renewed interest in the German model is meaningful at least in bolstering our dwindled attention to hundreds of South Korean POWs and abductees and hundreds of thousands of political prisoners in the North.

지난달에 북쪽에서 합동 공단을 재개하기 위한 협상을 한 이후에 남북한 관계가 이제는 해동기가 잠시 보인 후에 다시 긴장되어 있었기 때문에 이것은 평양의 독재 정권에 의해서 완전히 기피되고 있는 이 공식을 이용하기에 어느 정도 상황이 맞지 않는 것으로 보일 수도 있다. 그러나 독일 모델에 대한 새로운 관심은 적어도 북한에 있는 남한의 포로 납치자 수백 명, 정치범 수십만 명에 대한 우리들의 멀어진 관심을 끌어올리는데 중요한 의미가 있다.

주요구문

after a brief sign of thaw 화해 기운을 보인 후
thaw 녹다, 외교 정책 우호

한국의 프라이카우프 모델: 자유를 사다
포로와 유괴된 사람은 송환되어야 한다

남북한 관계가 긴장되어 있음으로 해서 _____

해동기가 잠시 보인 후에 _____

합동 공단을 재개하기 위한 협상을 한 이후에 _____

지난달에 북쪽에서 _____

남북한 관계가 이제는 보일 수도 있다 _____

어느 정도 상황이 맞지 않는 것으로 _____

기피되고 있는 이 공식을 이용하기에는 _____

평양의 독재 정권에 의해서 _____

그러나 독일 모델에 대한 새로운 관심은 _____

적어도 중요한 의미가 있다 _____

우리들의 멀어진 관심을 끌어올리는데 _____

남한의 포로 납치자 수백 명 _____

정치범 수십만 명에 대한 _____

북한에 있는 _____

Korean Freikauf model
POWs, abductees should be brought back

Continuous efforts should be made
to foster the necessary conditions
for putting the policy in practice.
What is important is
that this process must be carried out
in a clandestine way.

West Germany brought
in 33,755 jailed East German dissidents
by compensating
for their release in cash or kind
from 1963 to 1989
when the Berlin Wall was broken down.
It should be a lesson for us
that the substance of the Freikauf policy
was known to ordinary Germans
only after German reunification.

해석 한국의 프라이카우프 모델: 자유를 사다
포로와 유괴된 사람은 송환되어야 한다

지속적인 노력이 이루어져야 한다
필요한 조건을 육성하기 위한
그 정책을 실제적으로 실행되도록
중요한 것은
이러한 절차는 이루어져야만 한다
비밀스러운 방법으로　　　　　　　　　　　　**clandestine** 비밀의

서독은 데리고 들어왔다
33,755명의 동독 **반체제** 인사들을　　　　　**dissident** 의견을 달리하는
보상함으로써　　　　　　　　　　　　　　　**compensate** 보상하다
현금 또는 상응하는 물자로
1963년부터 1989년까지
그때는 베를린 장벽이 무너졌던 때였다
이것은 우리들에게 하나의 교훈이 되어야 할 것이다
프라이카우프 정책의 실체가
일반 독일인들에게 알려졌다는 것을
독일 **통일** 이후에야　　　　　　　　　　　**reunification** 재통합, 통일

EDITORIAL

Continuous efforts should be made to foster the necessary conditions for putting the policy in practice. What is important is that this process must be carried out in a clandestine way.

West Germany brought in 33,755 jailed East German dissidents by compensating for their release in cash or kind from 1963 to 1989 when the Berlin Wall was broken down. It should be a lesson for us that the substance of the Freikauf policy was known to ordinary Germans only after German reunification.

그 정책을 실제적으로 실행하기 위해 필요한 조건을 강화시키려면 지속적인 노력이 이루어져야 한다. 중요한 것은 이러한 절차는 비밀스러운 방법으로 이루어져야만 한다.

서독은 33,755명의 동독 반체제 인사들을 1963년부터 베를린 장벽이 무너졌던 1989년까지 그들을 석방하는 대가로 현금 또는 상응하는 물자로 보상하고서 서독으로 데리고 들어왔다. 프라이카우프 정책의 본질이 독일 통일 이후에야 일반 독일인들에게 알려졌다는 것은 우리들을 위한 하나의 교훈이 되어야 할 것이다.

the substance of the Freikauf policy 독일 프라이카우프의 실체
the Freikauf policy: freedom buying policy 프라이카우프: 자유를 돈 주고 사는 정책

영작 연습

한국의 프라이카우프 모델: 자유를 사다
포로와 유괴된 사람은 송환되어야 한다

지속적인 노력이 이루어져야 한다 _____

필요한 조건을 육성하기 위한 _____

그 정책을 실제적으로 실행되도록 _____

중요한 것은 _____

이러한 절차는 이루어져야만 한다 _____

비밀스러운 방법으로 _____

서독은 데리고 들어왔다 _____

33,755명의 동독 반체제 인사들을 _____

보상함으로써 _____

현금 또는 상응하는 물자로 _____

1963년부터 1989년까지 _____

그때는 베를린 장벽이 무너졌던 때였다 _____

이것은 우리들에게 하나의 교훈이 되어야 할 것이다 _____

프라이카우프 정책의 실체가 _____

일반 독일인들에게 알려졌다는 것을 _____

독일 통일 이후에야 _____

The Korea Herald

Editorial

05

Rolling out telemedicine

New medical services can benefit patients

Editorial 05

Rolling out telemedicine

New medical services can benefit patients

A clash is looming
between the government and physicians
over the introduction of telemedicine,
the delivery of medical care
using telecommunications technologies.

Telemedicine enables
patients in remote regions to receive care from doctors
without having to travel to visit them.
Yet it is banned in Korea,
a country known for its advanced ICT infrastructure.

Economic ministries
have long sought to lift the ban
toincrease medical welfare for people
andcurb medical costs.
They also believe
telemedicine can give a big boost
to the domestic medical equipment industry
andcreate new job opportunities.

해석 원격의료 출시
새로운 의료 서비스는 환자에게 유익함을 줄 수 있다

충돌이 **서서히 나타나고** 있다　　　　　　　loom 어렴풋이 보이기 시작하다
정부와 **의사**들 사이에　　　　　　　　　　physicians 의사
원격통신 치료 시행을 둘러싸고　　　　　　　telemedicine 원격치료, 텔레메디슨
즉, **원격통신** 기술을 이용한　　　　　　　stelecommunication 원격통신

원격의료는 **가능하게** 만든다　　　　　　　enable ~을 가능하게 하다
먼 지역에 있는 환자들까지도 의사들로부터 치료 받는 것을
병원을 찾기 위해 여행할 필요 없이
하지만 한국에서는 이것이 금지되어 있다
선진 ICT**인프라**로 알려진 나라인　　　　　infrastructure 기반

경제부처 장관들이
이 금지를 해제하기 위해 오랫동안 노력해 왔다
국민들을 위한 의료복지 서비스를 늘리기 위하여
또 의료비를 줄이기 위하여
그들은 역시 믿는다
원격의료는 크게 부응할 수 있다고
국내 의료 장비 산업에
그리고 새로운 일자리를 창출시킬 수 있다고

EDITORIAL

A clash is looming between the government and physicians over the introduction of telemedicine, the delivery of medical care using telecommunications technologies.

Telemedicine enables patients in remote regions to receive care from doctors without having to travel to visit them. Yet it is banned in Korea, a country known for its advanced ICT infrastructure.

Economic ministries have long sought to lift the ban to increase medical welfare for people and curb medical costs. They also believe telemedicine can give a big boost to the domestic medical equipment industry and create new job opportunities.

원격통신 치료의 도입, 즉 원격통신 기술을 이용한 원격통신 치료 시행을 둘러싸고 정부와 의사들 사이에 충돌이 예상되고 있다.

원격의료는 먼 지역에 있는 환자들까지도 병원을 찾기 위해 여행할 필요 없이 의사들로부터 치료를 받을 수 있게끔 만든다. 하지만 선진 ICT인프라로 알려진 나라인 한국에서는 이것이 금지되어 있다.

경제부처 장관들은 국민들을 위한 의료복지 서비스를 늘리기 위하여 이 금지를 해제하고 또 의료비를 줄이기 위하여 오랫동안 노력해 왔다. 그들은 역시 원격의료는 국내 의료 장비 산업에 크게 부응할 수 있고 새로운 일자리를 창출시킬 수 있다고 믿는다.

loom ~어떤 모습이 서서히 드러나다

원격의료 출시
새로운 의료 서비스는 환자에게 유익함을 줄 수 있다

충돌이 서서히 나타나고 있다 _____
정부와 의사들 사이에 _____
원격통신 치료 시행을 둘러싸고 _____
즉, 원격통신 기술을 이용한 _____

원격의료는 가능하게 만든다 _____
먼 지역에 있는 환자들까지도 의사들로부터 치료 받는 것을 _____
병원을 찾기 위해 여행할 필요 없이 _____
하지만 한국에서는 이것이 금지되어 있다 _____
선진 ICT인프라로 알려진 나라인 _____

경제부처 장관들이 _____
이 금지를 해제하기 위해 오랫동안 노력해 왔다 _____
국민들을 위한 의료복지 서비스를 늘리기 위하여 _____
또 의료비를 줄이기 위하여 _____
그들은 역시 믿는다 _____
원격의료는 크게 부응할 수 있다고 _____
국내 의료 장비 산업에 _____
그리고 새로운 일자리를 창출시킬 수 있다고 _____

Editorial 05 — Rolling out telemedicine
New medical services can benefit patients

Yet the medical community
has strongly opposed any attempt
to roll out telemedicine services on the grounds
that they would worsen the imbalance
in the nation's medical care delivery system.

Korea's health system
is dominated by large general hospitals,
with the primary care system based on community clinics
and public health centers remaining underdeveloped.

Physicians fear
that a widespread practice of telemedicine
would further drive patients
toward large hospitals in Seoul,
threatening the existence of community clinics
and eroding the shaky foundations
of the primary care system.

해석 원격의료 출시
새로운 의료 서비스는 환자에게 유익함을 줄 수 있다

그러나 의료계는
시행을 강력하게 반대하고 있다
그 이유로 원격의료 서비스 **확대**에 대한   roll out 공개
원격의료는 불균형을 더욱 악화시킬 수 있다는
나라 전체의 의료 체계에

한국의 의료체계는
큰 종합병원에 의해서 이루어진다   primary care 1차 진료
제1차 진료기관이 주로 동네의원들이므로
그리고 보건소는 여전히 발전하지 못한 상태이므로

의사들은 두려워한다
원격의료의 전반적인 시행은
환자들을 더욱 내몰 것이라고
서울에 있는 종합병원으로
그리고 동네의원들의 존립을 위협할 것으로
또한 **튼튼하지 못한** 기반을 **와해**시킬 수 있다고   erode 침식하다
1차 진료기관의   shaky 떨리는, 흔들리는, 비틀거리는

EDITORIAL

Yet the medical community has strongly opposed any attempt to roll out telemedicine serviceson the grounds that they would worsen the imbalance in the nation's medical care delivery system.

Korea's health system is dominated by large general hospitals, with the primary care system based on community clinics and public health centers remaining underdeveloped.

Physicians fear that a widespread practice of telemedicine would further drive patients toward large hospitals in Seoul, threatening the existence of community clinics and eroding the shaky foundations of the primary care system.

그러나 의료계는 원격의료가 나라 전체 의료체계의 불균형을 더욱 악화시킬 수 있다는 이유로 원격의료 서비스 확대에 대한 시행을 강력하게 반대하고 있다.

한국의 의료체계는 제1차 진료기관이 주로 동네의원들이고 보건소는 여전히 발전되지 못한 상태이기 때문에 더 큰 종합병원에 의해서 이루어진다.

의사들은 원격의료의 전반적인 시행이 환자들을 서울에 있는 종합병원으로 내몰고 동네의원들의 존립을 위협하여 1차 진료기관의 튼튼하지 못한 기반을 더욱 와해시킬 수 있다고 두려워한다.

주요구문
roll out telemedicine services 원격의료 서비스를 도입하다
on the grounds ~라는 이유로

원격의료 출시
새로운 의료 서비스는 환자에게 유익함을 줄 수 있다

그러나 의료계는 _____

시행을 강력하게 반대하고 있다 _____

그 이유로 원격의료는 서비스 확대에 대한 _____

원격의료는 불균형을 더욱 악화시킬 수 있다는 _____

나라 전체의 의료 체계에 _____

한국의 의료체계는 _____

큰 종합병원에 의해서 이루어진다 _____

제1차 진료기관이 주로 동네의원들이므로 _____

그리고 보건소는 여전히 발전하지 못한 상태이므로 _____

의사들은 두려워한다 _____

원격의료의 전반적인 시행은 _____

환자들을 더욱 내몰 것이라고 _____

서울에 있는 종합병원으로 _____

그리고 동네의원들의 존립을 위협할 것으로 _____

또한 튼튼하지 못한 기반을 와해시킬 수 있다고 _____

1차 진료기관의 _____

Editorial 05 — Rolling out telemedicine
New medical services can benefit patients

Building a stronger primary care system
is the key to keeping people healthy
and reducing the incidence of chronic diseases.
This will ultimately help rein in health costs.

The medical community's concern about telemedicine
is shared
by the Ministry of Health and Welfare, which has been,
unlike economic ministries,
cautious about embracing it.

Yet the ministry has finally decided to introduce it.
Last week it said
it would submit a bill on telemedicine
to the National Assembly for passage
during the ongoing session.

해석 원격의료 출시
새로운 의료 서비스는 환자에게 유익함을 줄 수 있다

좀 더 튼튼한 1차 의료제도를 구축하는 것은
사람들이 건강을 유지할 수 있는 열쇠이고
또 **만성 질환**의 재발을 줄일 수 있다   **chronic disease** 만성 질환
이는 마침내 진료비의 **고삐**를 잡는데 도움이 될 것이다   **rein** 고삐로 제어하다

원격의료에 관한 의료계의 우려는
공통적이다
역시 같은 문제를 가지고 있는 보건복지부와
경제 장관들과는 달리
이 제도를 **받아들이는**데 대단히 조심스럽다   **embrace** 받아들이다

하지만 보건복지부는 최종적으로 이 제도를 시행하기로 결정했다
지난주 보건복지부는 말했다
원격의료에 관한 법안을 **제출**할 것이라고   **submit** 제출하다
국회 통과를 위하여
본회의 기간 동안

EDITORIAL

Building a stronger primary care system is the key to keeping people healthy and reducing the incidence of chronic diseases. This will ultimately help rein in health costs.

The medical community's concern about telemedicine is shared by the Ministry of Health and Welfare, which has been, unlike economic ministries, cautious about embracing it.

Yet the ministry has finally decided to introduce it. Last week it said it would submit a bill on telemedicine to the National Assembly for passage during the ongoing session.

좀 더 튼튼한 1차 의료제도를 구축한다는 것은 사람들의 건강을 유지하게 만들고 또 만성 질환의 재발을 줄일 수 있는 열쇠이다. 이것은 최종적으로 진료비의 고삐를 잡는 일을 도와주게 될 것이다.

원격의료에 관한 의료계의 우려는 보건복지부도 역시 가지고 있는 우려이고 경제 장관들과는 달리 이 제도를 시행에 옮기는데 관해서 대단히 조심스런 태도를 보여 왔다.

하지만 보건복지부는 최종적으로 이 제도를 시행하기로 결정했다. 지난주 보건복지부는 원격의료에 관한 법안을 오는 국회 본회의 기간 동안에 통과시키기 위하여 국회에 제출할 것이라고 밝혔다.

building a stronger primary care system   더욱 강한 1차 진료 시스템을 구축하는 일
To ease physicians' concern   의사들의 우려를 완화시키기 위하여

원격의료 출시
새로운 의료 서비스는 환자에게 유익함을 줄 수 있다

좀 더 튼튼한 1차 의료제도를 구축한다는 것은 _____

사람들이 건강을 유지할 수 있는 열쇠이고 _____

또 만성 질환의 재발을 줄일 수 있다 _____

이는 마침내 진료비의 고삐를 잡는데 도움이 될 것이다 _____

원격의료에 관한 의료계의 우려는 _____

공통적이다 _____

역시 같은 문제를 가지고 있는 보건복지부와 _____

경제 장관들과는 달리 _____

이 제도를 받아들이는데 대단히 조심스럽다 _____

하지만 보건복지부는 최종적으로 이 제도 시행을 결정했다 _____

지난주 보건복지부는 말했다 _____

원격의료에 관한 법안을 제출할 것이라고 _____

국회 통과를 위하여 _____

본회의 기간 동안에 _____

Editorial 05 | Rolling out telemedicine
New medical services can benefit patients

To ease physicians' concern,
it plans to allow only primary care providers
to practice telemedicine.
This proposal makes sense
as it would help
the nation tap into the benefits of telemedicine
without hurting the primary care system.
It would also spur the medical equipment industry
to develop new products.?

Yet it was met with harsh criticism
from the medical community.
The Korean Medical Association,
a lobby group for physicians,
condemned the ministry,
saying its plan would wipe out neighborhood clinics
in local areas.

해석 원격의료 출시
새로운 의료 서비스는 환자에게 유익함을 줄 수 있다

의사들의 우려를 줄이기 위하여
보건복지부는 단지 1차 의료 시술 제공자에게만 허용할 계획이다
원격의료를 시행할 수 있도록
이 안건은 이해된다
도움이 될 것으로
모든 국민이 원격의료의 혜택을 활용하는데
1차 의료기관의 이익을 해치지 않고
이것은 역시 의료장비 산업체를 **고무**시킬 수 있을 것이다   **spur** 박차, 자극하다
새로운 상품을 개발할 수 있도록

하지만 이것은 **격렬한** 비난에 부딪혔다   **harsh** 가혹한, 거친
의료계로부터
한국의료협회
즉, 의사들의 로비단체들은
경제부를 **비난했다**   **condemned** 비난하다
이 계획은 동네의원들을 **말살**시키게 될 것이라고 말하면서
지역사회에서   **wipe out** 일소하다, 청소하다

EDITORIAL

To ease physicians' concern, it plans to allow only primary care providers to practice telemedicine. This proposal makes sense as it would help the nation tap into the benefits of telemedicine without hurting the primary care system.It would also spur the medicalequipment industry to develop new products.

Yet it was met with harsh criticism from the medical community. The Korean Medical Association, a lobby group for physicians, condemned the ministry, saying its plan would wipe out neighborhood clinics in local areas.

의사들의 우려를 줄이기 위하여 보건복지부는 1차 의료 시술 제공자만이 원격의료를 시행할 수 있도록 허용할 계획이다. 이 안건은 모든 국민이 1차 의료기관의 이익을 해치지 않고 원격의료 혜택을 볼 수 있도록 도와줄 수 있기 때문에 수긍이 간다. 이것은 역시 의료장비 산업체로 하여금 새로운 상품을 개발할 수 있도록 고무시킬 수 있을 것이다.

하지만 이것은 의료계로부터 격렬한 비난에 부딪혔다. 한국의료협회, 즉 의사들의 로비단체들은 이 계획이 지역사회에서 동네의원들을 말살시킬 수도 있을 것이라고 말하면서 경제부를 비난했다.

주요구문

Yet it was met with harsh criticism from the medical community. yet은 however와 같다
with harsh criticism 이것은 거친 비난에 부딪혔다
roll out telemedicine services 원격의료 서비스를 도입하다
on the grounds ~라는 이유로

원격의료 출시
새로운 의료 서비스는 환자에게 유익함을 줄 수 있다

의사들의 우려를 줄이기 위하여 _____
보건복지부는 1차 의료 시술 제공자만 허용할 계획이다 _____
원격의료를 시행할 수 있도록 _____
이 안건은 이해된다 _____
도움이 될 것으로 _____
모든 국민이 원격의료의 혜택을 활용하는데 _____
1차 의료기관의 이익을 해치지 않고 _____
이것은 역시 의료장비 산업체를 고무시킬 수 있을 것이다 _____
새로운 상품을 개발할 수 있도록 _____

하지만 이것은 격렬한 비난에 부딪혔다 _____
의료계로부터 _____
한국의료협회 _____
즉, 의사들의 로비단체들은 _____
경제부를 비난했다 _____
이 계획은 동네의원들을 말살시키게 될 것이라고 말하면서 _____
지역사회에서 _____

Rolling out telemedicine
New medical services can benefit patients

Arguing
that the ministry's proposal is doomed to failure,
physicians threatened
to organize outdoor protest rallies
if it pushed ahead with its plan.

Physicians' reaction is excessive.
They should be more willing to find a way
that would enable the nation to benefit
from telemedicine.
Currently, Korea is the only country in the world
where it is banned by law.
This is utter nonsense.
The nation can excel other countries
in this new mode of medical services.
We should give it a try.

해석 원격의료 출시
새로운 의료 서비스는 환자에게 유익함을 줄 수 있다

주장하는
경제부의 안건이 당연히 **실패해야** 된다고　　　　　　　　　**doom** 운명에 처해지다
의사들은 위협했다
옥외 반대 시위를 조직할 것이라고
만약에 경제부가 이 안건을 그대로 추진한다면

의사들의 반응은 지나쳤다
그들은 방법을 좀 더 찾으려고 하는 마음이 있어야 할 것이다
이 나라가 혜택을 볼 수 있도록 만드는
원격의료로부터
최근 한국은 세계에서 유일한 국가이다
원격치료가 법으로 금지되어 있는
이것은 **정말** 난센스다　　　　　　　　　**utter** 완전히, 매우
한국은 다른 나라를 초월할 수도 있다
의료서비스의 새로운 방법에서
우리도 한번 노력해봐야 할 것이다

독해연습

Arguing that the ministry's proposal is doomed to failure, physicians threatened to organize outdoor protest rallies if it pushed ahead with its plan.

Physicians' reaction is excessive. They should be more willing to find a way that would enable the nation to benefit from telemedicine. Currently, Korea is the only country in the world where it is banned by law. This is utter nonsense. The nation can excel other countries in this new mode of medical services. We should give it a try.

경제부의 안건은 당연히 통과 되지 말아야 된다고 주장하는 의사들은 만약 경제부가 이 안건을 그대로 추진한다면 옥외 반대 시위를 조직할 것이라고 위협했다.

의사들의 반응은 지나쳤다. 그들은 이 나라가 원격의료의 혜택을 볼 수 있도록 만드는 방법을 좀 더 찾으려고 하는 마음이 있어야 할 것이다. 최근 한국은 원격의료가 법으로 금지되어 있는 유일한 국가이다. 이것은 정말 난센스다. 한국은 의료 서비스의 새로운 방법에서 다른 나라를 초월할 수도 있다. 우리 한번 노력해 보아야 할 것이다.

Physicians' reaction is excessive. 의사들의 반응을 너무 지나쳤다
enable the nation to benefit
enable something to do something else ~이 ~을 할 수 있도록 만들다

원격의료 출시
새로운 의료 서비스는 환자에게 유익함을 줄 수 있다

주장하는 _____

경제부의 안건이 당연히 실패해야 된다고 _____

의사들은 위협했다 _____

옥외 반대 시위를 조직할 것이라고 _____

만약에 경제부가 이 안건을 그대로 추진한다면 _____

의사들의 반응은 지나쳤다 _____

그들은 방법을 좀 더 찾으려고 하는 마음이 있어야 할 것이다 _____

이 나라가 혜택을 볼 수 있도록 만드는 _____

원격의료로부터 _____

최근 한국은 세계 유일한 국가이다 _____

원격 치료가 법으로 금지되어 있는 _____

이것은 정말 난센스이다 _____

한국은 다른 나라를 초월할 수도 있다 _____

의료서비스의 새로운 방법에서 _____

우리 한번 노력해봐야 할 것이다 _____

The Korea Herald

Editorial

06

Drawbacks of jury trials

Supreme Court needs to address problems

Editorial 06

Drawbacks of jury trials
Supreme Court needs to address problems

Korea introduced jury trials in 2008
to promote citizen participation
in the judicial process.
Under the system,
lay citizens serve as jurors in criminal trials.
They are given the power
to decide on the facts,
deliver a guilty or not-guilty verdict,
and present opinions
on what the punishment should be.

In the Korean system,
a defendant is given the choice
over whether to request a jury trial.
In 2008, 233 defendants chose to be tried
through the new procedure.
The figure
rose to 437 in 2010 and 737 last year.
The rapid increase
suggests bright prospects
for the judicial experiment in Korea.

해석 배심원 제도의 결점
대법원이 문제점을 해결해야 한다

한국은 2008년도에 **배심원 재판**제도를 도입했다   **jury trial** 배심원 재판
시민들의 참여를 고취시키기 위하여
사법 재판과정에서
이 제도하에
일반 시민들은 범죄 재판에서 재판관으로서 역할을 한다
그들에게는 권한이 주어지고
사실을 결정하기 위한
유죄 또는 무죄 **판결**을 내리고   **verdict** 판결
그리고 의견을 제시한다
어떤 처벌이 주어져야 할 것인가에 대한

한국 배심원 제도하에서
피고에게는 선택이 주어진다   **defendant** 피고인
배심원 재판을 요구할 것인가 아닌가에 대한
2008년에 233명의 피고가 재판 받기를 선택했다
이 새로운 절차를 통해서
이 숫자는
2010년에 437명으로 그리고 작년에는 737명으로 늘어났다
이 빠른 증가는
밝은 전망을 말해주고 있다
한국 사법부 실험을 위한

EDITORIAL

Korea introduced jury trials in 2008 to promote citizen participation in the judicial process. Under the system, lay citizensserve as jurors in criminal trials.They are given the power to decide on the facts, deliver a guilty or not guilty verdict, and present opinions on what the punishment should be.

In the Korean system, a defendant is given the choice over whether to request a jury trial. In 2008, 233 defendants chose to be tried through the new procedure. The figure rose to 437 in 2010 and 737 last year. The rapid increase suggests bright prospects for the judicial experiment in Korea.

사법 재판과정에서 시민들의 참여를 고취시키기 위하여 2008년도에 한국은 배심원 재판제도를 도입했다. 이 제도하에 일반 시민들은 범죄 재판에 재판관으로서 역할을 한다. 그들에게는 사실을 결정하기 위한 권한이 주어지고 유죄, 무죄 판결을 내리며 어떤 처벌이 주어져야 할 것인가에 대한 의견을 제시한다.

한국 배심원 제도하에서 피고는 배심원 재판을 요구할 것인가 아닌가에 대한 선택을 할 수 있다. 2008년에 233명의 피고가 이 새로운 절차를 통해서 재판 받기를 선택했다. 이 숫자는 2010년에 437명으로 늘어났고 작년에는 737명으로 늘어났다. 이 빠른 증가는 한국 사법부 실험을 위한 밝은 전망을 말해주고 있다.

lay citizens 일반 시민
serve as jurors in criminal trials 형사재판에서 배심원으로서 역할을 하다
defendants chose to be tried(재판하다) defendants chose to be tried 피고는 새로운 절차를 통해서 재판 받기를 선택했다

배심원 제도의 결점
대법원이 문제점을 해결해야 한다

한국은 2008년도에 배심원 재판제도를 도입했다 _____

시민들의 참여를 고취시키기 위하여 _____

사법 재판과정에서 _____

이 제도하에 _____

일반 시민들은 범죄 재판에 재판관으로서 역할을 한다 _____

그들에게는 권한이 주어지고 _____

사실을 결정하기 위한 _____

유죄 또는 무죄 판결을 내리고 _____

그리고 의견을 제시한다 _____

어떤 처벌이 주어져야 할 것인가에 대한 _____

한국 배심원 제도하에서 _____

피고에게는 선택이 주어진다 _____

배심원 재판을 요구할 것인가 아닌가에 대한 _____

2008년에 233명의 피고가 재판 받기를 선택했다 _____

이 새로운 절차를 통해서 _____

이 숫자는 _____

2010년에 437명으로 그리고 작년에는 737명으로 늘어났다 _____

이 빠른 증가는 _____

밝은 전망을 말해주고 있다 _____

한국 사법부 실험을 위한 _____

Drawbacks of jury trials
Supreme Court needs to address problems

Yet the participatory trial system
is still in an experimental stage.
Unlike in the United States,
jury verdicts are not binding here.
And jury trials are only applied
to criminal cases, not civil ones.

To help the new system take root,
the Supreme Court expanded last year
the scope of the cases eligible for a jury trial.
Initially,
only certain categories of criminal cases
were eligible.
Now, all criminal cases
under jurisdiction of a collegiate panel are.

The top court also
seeks to make the jury verdict binding.
In March it proposed a bill
requiring judges to follow jury verdicts
as long as jurors have not breached the Constitution
or any other law
in the process of deliberating on their cases.

해석 배심원 제도의 결점
대법원이 문제점을 해결해야 한다

하지만 참여재판제도는
아직도 실험 단계에 있다
미국과 달리
배심원 판결은 이곳에서는 법적 **구속력**이 없다   binding 구속력 있는
또한 배심원 재판은 오직 적용된다
민사사건이 아닌 형사사건에만

이 제도가 뿌리 내리도록 돕기 위해서
대법원은 작년에 확대시켰다   supreme court 최고 대법원, 연방법원
배심원 재판을 받을 수 있는 사건 범위를
처음에는
극히 제한적인 종류의 형사사건만이
배심원 제도에 **해당되었**다   eligible 적격인, 알맞은
지금은 모든 형사사건도 다 배심원 제도에 해당된다
재판부 관장하에   collegiate 선거인단

대법원은 역시
배심원 판결을 법적으로 유효하도록 만들어야 한다
3월에 대법원은 한 법안을 상정했다
판사들은 배심원 판결문을 그대로 준수하도록 요청하는
배심원들이 헌법을 위배하지 않는 한
다른 법을 위배하지 않는 한
그들의 사건을 **심의**하는 과정에서   deliberate 심의하다

EDITORIAL

Yet the participatory trial system is still in an experimental stage. Unlike in the United States, jury verdicts are not binding here. And jury trials are only applied to criminal cases, not civil ones.

To help the new system take root, the Supreme Court expanded last year the scope of the cases eligible for a jury trial. Initially, only certain categories of criminal cases were eligible. Now, all criminal cases under jurisdiction of a collegiate panel are.

The top court also seeks to make the jury verdict binding. In March it proposed a bill requiring judges to follow jury verdicts as long as jurors have not breached the Constitution or any other law in the process of deliberating on their cases.

하지만 참여재판제도는 아직도 실험 단계에 있다. 미국과 달리 배심원 판결은 이곳에서는 법적 구속력이 없다. 배심원 재판은 형사사건에만 적용되고 민사사건에는 적용되지 않는다.

이 제도가 뿌리 내리도록 돕기 위해서 대법원은 작년에 배심원 재판을 받을 수 있는 사건 범위를 확대시켰다. 처음에는 극히 제한적인 종류의 형사사건만이 배심원 제도에 해당되었다. 지금은 재판부 관장하에 모든 형사범도 다 배심원 제도에 해당된다.

대법원은 역시 배심원 판결을 법적으로 유효하게 만들도록 노력해야 한다. 3월에 대법원은 배심원들이 헌법을 위배하지 않는 한 또는 그들의 사건을 심의하는 과정에서 다른 법을 위배하지 않는 한 판사들은 배심원 판결문을 그대로 준수하도록 요청하는 법안을 상정했다.

binding here (법 등이) 구속력이 있는
make the jury verdict binding 배심원 판결을 효력 있게 만들다

배심원 제도의 결점
대법원이 문제점을 해결해야 한다

하지만 참여재판제도는 _____
아직도 실험 단계에 있다 _____
미국과 달리 _____
배심원 판결은 이곳에서는 법적 구속력이 없다 _____
또한 배심원 재판은 오직 적용된다 _____
민사사건이 아닌 형사사건에만 _____

이 제도가 뿌리 내리도록 돕기 위해서 _____
대법원은 작년에 확대시켰다 _____
배심원 재판을 받을 수 있는 사건 범위를 _____
처음에는 _____
극히 제한적인 종류의 형사사건만이 _____
배심원 제도에 해당되었다 _____
지금은 모든 형사사건도 다 배심원 제도에 해당된다 _____
재판부 관장하에 _____

대법원은 역시 _____
배심원 판결을 법적으로 유효하도록 만들어야 한다 _____
3월에 대법원은 한 법안을 상정했다 _____
판사들은 배심원 판결문을 그대로 준수하도록 요청하는 _____
배심원들이 헌법을 위배하지 않는 한 _____
다른 법을 위배하지 않는 한 _____
그들의 사건을 심의하는 과정에서 _____

Editorial 06: Drawbacks of jury trials
Supreme Court needs to address problems

Yet before going any further,
the court needs to think
about the wisdom of applying
the participatory trial system to political cases.
In a country
where politics is driven largely
by regional antagonism,
jurors are often swayed by regional sentiments
when they deal with political cases.

A case in point is the ongoing trial
on poet Ahn Do-hyun,
who was indicted for spreading groundless rumors
against Park Geun-hye
during the presidential election last year.
At the time
he was a co-chairman of the campaign headquarters
for opposition candidate Moon Jae-in.

해석 # 배심원 제도의 결점
대법원이 문제점을 해결해야 한다

하지만 **더** 이상 진행하기 전에　　　　　　　　　**further** 더욱 더, 더 멀리, 그 이상의
대법원은 생각해 볼 필요가 있다
적용시키는 지혜를
참여재판제도를 정치 사건에도　　　　　　　　**participatory** 참여, 참가하는
한 나라에서
정치가 주로 이루어지는
지역적인 **불화**에 의해서　　　　　　　　　**antagonism** 적대, 적의, 길항 작용, 반목, 대립
배심원들은 지역 여론에 **영향 받는** 경우가 자주 있다　　**sway** 흔들다, 영향을 주다, 동요하다
그들이 정치 사건을 처리할 때

이 문제의 사건이 **현재 진행 중인** 재판　　　　　**ongoing** 진행 중인, 전진
시인 안도현 씨에 대해서이다
그는 **근거 없는** 소문을 퍼뜨린 혐의로 기소되었다　　**groundless** 근거 없는
박근혜 씨를 상대로
지난 대선에서
그때
그는 선거본부의 공동 회장이었다
반대 후보인 문재인 씨를 위한

EDITORIAL

Yet before going any further, the court needs to think about the wisdom of applying the participatory trial system to political cases. In a country where politics is driven largely by regional antagonism, jurors are often swayed by regional sentiments when they deal with political cases.

A case in point is the ongoing trial on poet Ahn Do-hyun, who was indicted for spreading groundless rumors against Park Geun-hye during the presidential election last year. At the time he was a co-chairman of the campaign headquarters for opposition candidate Moon Jae-in.

하지만 더 이상 진행하기 전에 대법원은 참여재판제도를 정치 사건에도 적용시키는 지혜를 생각해 볼 필요가 있다. 정치가 주로 지역적인 불화에 의해서 이루어지는 그런 나라에서 배심원들은 흔히 그들이 정치 사건을 처리할 때 그 지역 사람들의 여론에 영향 받는 경우가 자주 있다. 핵심적인 문제는 현재 진행 중인 시인 안도현 씨의 재판이다.

시인 안도현 씨는 지난 대선에서 박근혜 씨에 대해서 근거 없는 소문을 퍼뜨리는 혐의로 기소되었다. 그때 그는 반대 후보인 문재인 씨를 위한 선거본부의 공동 회장이었다.

to be indicted for ~으로 기소되다

배심원 제도의 결점
대법원이 문제점을 해결해야 한다

하지만 더 이상 진행하기 전에 _____
대법원은 생각해 볼 필요가 있다 _____
적용시키는 지혜를 _____
참여재판제도를 정치 사건에도 _____
한 나라에서 _____
정치가 주로 이루어지는 _____
지역적인 불화에 의해서 _____
배심원들은 지역 여론에 영향 받는 경우가 자주 있다 _____
그들이 정치 사건을 처리할 때 _____

이 문제의 사건이 현재 진행 중인 재판 _____
시인 안도현 씨에 대해서이다 _____
그는 근거 없는 소문을 퍼뜨린 혐의로 기소되었다 _____
박근혜 씨를 상대로 _____
지난 대선에서 _____
그때 _____
그는 선거본부의 공동 회장이었다 _____
반대 후보인 문재인 씨를 위한 _____

Editorial 06 — Drawbacks of jury trials
Supreme Court needs to address problems

On Monday,
the seven-member jury
at the district court in Jeonju
reached a unanimous non-guilty verdict.
But the panel of judges disagreed with it
and decided to delay the sentencing.
They said,
"We respect the jury's view.
But we must mete out justice
in accordance with the Constitution and the law."

The problem lies in the composition of the jury.
The law
requires a court to select jurors
from among the residents of the region
within its jurisdiction.
So the seven jurors
are all from North Jeolla Province.

In the December presidential poll,
more than 85 percent of the province's voters
supported Moon.
This suggests
that if you pick seven jurors from among people there,
six are Moon supporters.

해석 배심원 제도의 결점
대법원이 문제점을 해결해야 한다

월요일
7명의 배심원들은
전주 **지방법원**에서   **district court** 지방법원
만장일치로 무죄 판결을 내렸다   **unanimous** 만장일치의
그러나 배석 판사들이 판결문에 동의하지 않고
판결을 지연하기로 결정했다   **sentence** 판결
그들은 이런 이야기를 했다
"우리는 배심원들의 견해를 존중한다
그러나 우리는 판결을 집행하지 않으면 안 된다
헌법과 법에 **따라서**"   **accordance** 일치, ~에 따라

문제는 배심원 구성에 있다
헌법은
법원이 배심원을 정하게 되어 있다
지역 주민들로부터
그 **사건 관할** 내에 있는   **jurisdiction** 사법권, 관할권, 권한
그래서 배심원 7명이
모두 전라북도 출신이다

12월 대통령 선거 때에
이 지역의 85% 이상의 유권자들이
문재인을 지지했다
이것은 의미한다
만약 당신이 그곳 주민들 사이에서 배심원 7명을 선택한다면
6명이 문재인 지지자들이라는

EDITORIAL

On Monday, the seven-member jury at the district court in Jeonju reached a unanimous non-guilty verdict. But the panel of judges disagreed with it and decided to delay the sentencing. They said, "We respect the jury's view. But we must mete out justice in accordance with the Constitution and the law."

The problem lies in the composition of the jury. The law requires a court to select jurors from among the residents of the region within its jurisdiction. So the seven jurors are all from North Jeolla Province.

In the December presidential poll, more than 85 percent of the province's voters supported Moon. This suggests that if you pick seven jurors from among people there, six are Moon supporters.

월요일 전주 지방법원에서 7명의 배심원들은 만장일치로 무죄 판결을 내렸다. 그러나 배석 판사들이 판결문에 동의하지 않고 판결을 지연하기로 결정했다. 그들은 이런 이야기를 했다. "우리는 배심원들의 견해를 존중한다. 그러나 우리는 헌법과 법에 따라서 판결을 집행하지 않으면 안 된다." 문제는 배심원 구성에 있다. 헌법은 법원이 그 사건 관할 내에 있는 지역의 주민들로부터 배심원을 정하게 되어 있다. 그래서 배심원 7명이 모두 전라북도 출신이다.

12월 대통령선거 때 이 지역의 85% 이상이 문재인을 지지했다. 이것은 만약 당신이 그곳 주민들 사이에서 배심원 7명을 선택한다면 6명이 문재인 지지자들이라는 의미이다.

delay the sentencing (법정에서) 선고를 미루다

배심원 제도의 결점
대법원이 문제점을 해결해야 한다

월요일 _____
7명의 배심원들은 _____
전주 지방법원에서 _____
만장일치로 무죄 판결을 내렸다 _____
그러나 배석 판사들이 판결문에 동의하지 않고 _____
판결을 지연하기로 결정했다 _____
그들은 이런 이야기를 했다 _____
"우리는 배심원들의 견해를 존중한다 _____
그러나 우리는 판결을 집행하지 않으면 안 된다 _____
헌법과 법에 따라서" _____

문제는 배심원 구성에 있다 _____
헌법은 _____
법원이 배심원을 정하게 되어 있다 _____
지역 주민들로부터 _____
그 사건 관할 내에 있는 _____
그래서 배심원 7명이 모두 전라북도 출신이다 _____

12월 대통령선거 때에 _____
이 지역의 85% 이상의 유권자들이 _____
문재인을 지지했다 _____
이것은 의미한다 _____
만약 당신이 그곳 주민들 사이에 배심원 7명을 선택한다면 _____
6명이 문재인 지지자들이라는 _____

Editorial 06 — Drawbacks of jury trials
Supreme Court needs to address problems

In such a region,
it is difficult to expect jurors
participating in a political case
to reach a conclusion based on reason and logic.
Before them comes regional bias.
This problem
is not limited to North Jeolla Province.
In the Yeongnam area,
the bastion of the conservative Saenuri Party,
juries are likely to consist of Park supporters.

This raises
the possibility of courts
in different regions coming up with
widely different jury verdicts
on similar cases,
thus causing confusion
and eroding consistency of adjudication.

The top court needs to address this problem
before taking further steps
to strengthen and expand the participatory trial system.
It may have to readjust the scope of cases eligible
for a jury trial.

해석 배심원 제도의 결점
대법원이 문제점을 해결해야 한다

그러한 지역에서
배심원들을 기대하기 어렵다
정치 사건에 참여하는
이론과 논리에 입각한 판결을 내리기 위해서
그들에게는 지역적인 편향이 우선한다
이 문제는
전라북도에만 국한되는 것이 아니다
영남지역에서
보수 새누리당의 **텃밭**인   **bastion** 요새, 성채
배심원들은 박근혜 지지자들로 구성될 가능성이 있다

이것은 제기한다
판결의 가능성을
다른 지역 법원과
완전히 다른 배심원 판결을
똑같은 사건을 두고
따라서 **혼란**을 야기시키고   **confusion** 혼동, 당황, 논란
법원의 판결 **일관성**을 **훼손**시키는 것이다   **erode** 침식하다, 손상시키다
                                          adjudication 판결, 선고

대법원은 이 문제를 해결해야만 한다
단계를 더욱 심화시키기 전에
참여재판제도를 강화시키고 확대시키기 위한
이것이 **해당되는** 사건 범위를 재조정해야 될지도 모른다
배심원 재판에   **eligible** 알맞은, 적격의

06 | Drawbacks of jury trials

EDITORIAL

In such a region, it is difficult toexpect jurors participating in a political case to reach a conclusion based on reason and logic. Before them comes regional bias. This problem is not limited to North Jeolla Province. In the Yeongnam area, the bastion of the conservative Saenuri Party, juries are likely to consist of Park supporters.

This raises the possibility of courts in different regions coming up with widely different jury verdicts on similar cases, thus causing confusion and eroding consistency of adjudication.

The top court needs to address this problem before taking further steps to strengthen and expand the participatory trial system. It may have to readjust the scope of cases eligible for a jury trial.

그러한 지역에서 이론과 논리에 입각한 판결을 내리기 위해서 정치 사건에 참여하는 배심원들을 기대하기 어렵다. 그들에게는 지역적인 편향이 우선한다. 이 문제는 전라북도에만 국한되는 것이 아니다. 보수 새누리당의 텃밭인 영남지역에서 배심원들은 박근혜 지지자들로 구성될 가능성이 있다.

이것은 다른 지역 법원이 똑같은 사건을 두고 완전히 다른 배심원 판결문을 내놓을 가능성을 야기시키고 있다. 그래서 법원의 판결 일관성을 혼란스럽게 하고 훼손시키는 것이다.

대법원은 참여재판제도를 강화시키고 확대시키기 위한 단계를 더욱 심화시키기 전에 이 문제를 해결해야만 한다. 이것은 배심원 재판에 해당되는 사건 범위를 재조정해야 될지도 모른다.

expect someone to do somethin 누가 ~하기를 기대한다
coming up with widely different jury verdicts on similar cases 같은 사건을 두고도 서로 다른 판결을 내놓다
address 잘못된 것을 바로잡다

배심원 제도의 결점
대법원이 문제점을 해결해야 한다

그러한 지역에서 _____
배심원들을 기대하기 어렵다 _____
정치 사건에 참여하는 _____
이론과 논리에 입각한 판결을 내리기 위해서 _____
그들에게는 지역적인 편향이 우선한다 _____
이 문제는 _____
전라북도에만 국한되는 것이 아니다 _____
영남지역에서 _____
보수 새누리당의 텃밭인 _____
배심원들은 박근혜 지지자들로 구성될 가능성이 있다 _____

이것은 제기한다 _____
판결의 가능성을 _____
다른 지역 법원과 _____
완전히 다른 배심원 판결을 _____
똑같은 사건을 두고 _____
따라서 혼란을 야기시키고 _____
법원의 판결 일관성을 훼손시키는 것이다 _____

대법원은 이 문제를 해결해야만 한다 _____
단계를 더욱 심화시키기 전에 _____
참여재판제도를 강화시키고 확대시키기 위한 _____
이것이 해당되는 사건 범위를 재조정해야 될지도 모른다 _____
배심원 재판에 _____

The Korea Herald

Editorial

07

Polarized workforce

Efforts needed to enhance elderly competency

Editorial 07

Polarized workforce
Efforts needed to enhance elderly competency

An international study released
by the Organization for Economic Cooperation
and Development this week
showed a wide gap
between younger and older Korean adults
in basic skills necessary for modern life.

In its survey of 157,000 people
aged 16~65 from 24 member countries,
conducted from 2011~12,
the OECD measured
their literacy, numeracy
and digital problem-solving skills.
Korea was on a par with the OECD average for literacy
but lagged behind in numeracy
and the ability to use devices and networks.

해석 양극화된 노동력
장년층 능력 강화를 위한 노력이 필요하다

한 국제 연구는
경제협력개발기구가 밝힌   the OECD 경제협력개발기구
이번 주에
넓은 갭을 보여주었다
한국의 젊은 세대와 장년 세대 사이에
현대 생활에 필요한 근본적인 기술에 있어서

15만 7천 명을 대상으로 한 설문조사에서
24개 회원국의 16세부터 65세 사이의
2011~2012년 사이에 시행된
OECD는 기술을 측정했다   **numeracy** 기본적 계산력, 수리적 지식
읽고 쓰는 능력, 수리 능력   **literacy** 읽고 쓰는 능력, 교양
그리고 디지털 문제풀이 능력을
한국은 읽고 쓰는 능력에 대해서 OECD의 평균 수준이었지만
수리 능력은 다른 나라보다 **뒤처졌다**   **lag behind** 뒤떨어지다
그리고 기기와 전산망을 사용하는 능력도

EDITORIAL

An international study released by the Organization for Economic Cooperation and Development this week showed a wide gap between younger and older Korean adults in basic skills necessary for modern life.

In its survey of 157,000 people aged 16~65 from 24 member countries, conducted from 2011~12, the OECD measured their literacy, numeracy and digital problem-solving skills. Korea was on a par with the OECD average for literacy but lagged behind in numeracy and the ability to use devices and networks.

이번 주 OECD가 밝힌 한 국제 연구는 현대에서 생활하는데 필요한 근본적인 지식에 있어서 한국의 젊은 세대와 장년 세대 사이에 존재하는 넓은 갭을 보여주었다.

2011~2012년 사이에 시행된 24개 회원국에서 16세부터 65세 사이의 15만 7천 명을 대상으로 한 설문조사에서 OECD는 읽고 쓰는 능력, 수리, 디지털 문제풀이 능력을 측정했다. 한국은 읽고 쓰는 능력에 대해서는 OECD의 평균 수준이었고 수리, 기기와 전산망을 사용하는 능력에 있어서는 다른 나라보다 뒤처졌다.

Korea was on a par with the OECD average for literacy 한국은 문명율에 있어서 OECD 평균치와 동일했다.

on a par 동일하다

양극화된 노동력
장년층 능력 강화를 위한 노력이 필요하다

한 국제 연구는 _____
경제협력개발기구가 밝힌 _____
이번 주에 _____
넓은 갭을 보여주었다 _____
한국의 젊은 세대와 장년 세대 사이에 _____
현대 생활에 필요한 근본적인 기술에 있어서 _____

15만 7천 명을 대상으로 한 설문조사에서 _____
24개 회원국의 16세부터 65세 사이의 _____
2011~2012년 사이에 시행된 _____
OECD는 기술을 측정했다 _____
읽고 쓰는 능력, 수리 능력 _____
그리고 디지털 문제풀이 능력을 _____
한국은 읽고 쓰는 능력에 대해서 OECD의 평균 수준이었지만 _____
수리 능력은 다른 나라보다 뒤처졌다 _____
그리고 기기와 전산망을 사용하는 능력도 _____

Polarized workforce
Efforts needed to enhance elderly competency

The generational gap in adult competency
was the widest in Korea.
Koreans aged 55 and older
remained near the bottom of the list
in all three categories.
But younger Koreans aged 16~24
were the smartest
in solving problems with digital know-how.
They also ranked fourth and fifth
in reading and math, respectively.

From a positive viewpoint,
the polarization of skills
between older and younger adults
can be seen as reflecting the successful result
of Korea's strenuous support for universal education
after the devastating 1950~53 Korean War.
The OECD survey, titled the Program
for the International Assessment of Adult Competencies,
noted
that Korea's investment in its schools
had led to higher competency among younger adults
than older adults.

해석 # 양극화된 노동력
장년층 능력 강화를 위한 노력이 필요하다

장년 능력의 세대별 차이는
한국이 가장 격차가 컸다.
55세 이상의 한국인들은
리스트의 가장 밑에 머물렀다
세 가지 항목 모두에서
그러나 16~24세 사이의 좀 더 젊은 한국인들은
가장 현명했다
디지털 기술 문제를 푸는 데는
그들은 역시 네, 다섯 번째였다
독해와 수학에 있어서는 각각

긍정적인 견해로 볼 때
기술 양극화는
장년층과 젊은 층들 사이의
성공적인 결과를 반영시켜 준 것으로 볼 수 있다
한국은 전반적 교육에 대한 **열성적인** 지원으로   **strenuous** 격렬한, 분투 노력하는
1950~1953년 동안 있었던 완전 파괴적인 한국전쟁 이후에
OECD 조사에서 프로그램 제목이
국제적 성인 경쟁력 **평가**라는   **assessment** 평가, 사정, 부과
지적했다
한국의 학교 투자가
더 젊은 층에 경쟁력을 높이는데 이루어졌다고
장년층보다

EDITORIAL

The generational gap in adult competency was the widest in Korea. Koreans aged 55 and older remained near the bottom of the list in all three categories. But younger Koreans aged 16~24 were the smartest in solving problems with digital know-how. They also ranked fourth and fifth in reading and math, respectively.

From a positive viewpoint, the polarization of skills between older and younger adults can be seen as reflecting the successful result of Korea's strenuous support for universal education after the devastating 1950~53 Korean War. The OECD survey, titled the Program for the International Assessment of Adult Competencies, noted that Korea's investment in its schools had led to higher competency among younger adults than older adults.

장년 능력의 세대별 차이는 한국이 가장 격차가 컸다. 55세 이상의 한국인들은 위 세 가지 항목 모두에서 목록의 가장 밑에 머물렀다. 그러나 16~24세 사이의 좀 더 젊은 한국인들은 디지털 기술 문제를 푸는 데 가장 잘했다. 그들은 역시 독해, 수학에 있어서는 각각 네, 다섯 번째였다.

긍정적인 견해로 볼 때 장년층과 젊은 층들 사이의 능력 양극화는 1950~1953년 동안 있었던 완전 파괴적인 한국전쟁 이후에 한국은 전반적 교육에 대한 열성적인 지원에 성공적인 결과를 반영시켜 준 것으로 볼 수 있다. 장년층 능력 평가라는 제목의 국제적 평가 프로그램 OECD 조사에서는 한국의 학교에 대한 투자가 장년층보다 더 젊은 층 사이에 경쟁력을 높이도록 이끌어왔다.

the polarization of skills between older and younger adults 장년층과 젊은 층 사이의 기술 양극화

영작 연습

양극화된 노동력
장년층 능력 강화를 위한 노력이 필요하다

장년 능력의 세대별 차이는 _____
한국이 가장 격차가 컸다 _____
55세 이상의 한국인들은 _____
리스트의 가장 밑에 머물렀다 _____
세 가지 항목 모두에서 _____
그러나 16~24세 사이의 좀 더 젊은 한국인들은 _____
가장 현명했다 _____
디지털 기술 문제를 푸는 데는 _____
그들은 역시 네, 다섯 번째였다 _____
독해와 수학에 있어서는 각각 _____

긍정적인 견해로 볼 때 _____
기술 양극화는 _____
장년층과 젊은 층들 사이의 _____
성공적인 결과를 반영시켜 준 것으로 볼 수 있다 _____
한국은 전 우주적 교육에 대한 열성적인 지원에 _____
1950~1953년 동안 있었던 완전 파괴적인 한국전쟁 이후에 _____
OECD 조사에서 프로그램 제목이 _____
국제적 성인 경쟁력 평가라는 _____
지적했다 _____
한국의 학교 투자가 _____
더 젊은 층에 경쟁력을 높이는데 이루어졌다고 _____
장년층보다 _____

Polarized workforce
Efforts needed to enhance elderly competency

As some commentators here indicate, however, the generational gap may also mirror the phenomenon that most Koreans have become negligent in cultivating their skills at work after graduating from college, which they entered through fierce competition. It seems that Korean parents should try to acquire new skills and knowledge as much as they push their children to study.

해석 양극화된 노동력
장년층 능력 강화를 위한 노력이 필요하다

일부 **시사해설가**들이 이곳에서 지적하고 있는 바와 같이	**commentator** 시사해설가
하지만	
세대 간 격차는	
역시 **사실**을 비춰 주는지도 모른다	**phenomenon** 현상, 사실
대부분의 한국 사람들이 **무시**했다는	**negligent** 무관심한, 게을리하는, 태만한, 소홀한
직장에서 그들의 능력을 **개발**하는데	**cultivate** 기르다, 양성하다, 조성하다, 개발하다
대학을 졸업한 후에	
그들이 **치열한** 경쟁을 통해서 들어간	**fierce** 맹렬한, 치열한
할 것으로 보인다	
한국 부모들은 노력해야만	
새로운 기술과 지식을 **습득**하려고	**acquire** 습득하다, 얻다
그들 자녀들을 공부하게끔 내몰았던 만큼	

EDITORIAL

As some commentators here indicate, however, the generational gap may also mirror the phenomenon that most Koreans have become negligent in cultivating their skills at work after graduating from college, which they entered through fierce competition. It seems that Korean parents should try to acquire new skills and knowledge as much as they push their children to study.

일부 시사해설가들이 이곳에서 지적하고 있는 바와 같이 세대 간 격차는 역시 대부분의 한국 사람들은 그들이 치열한 경쟁을 통해서 들어간 대학을 졸업한 후에 직장에서 그들의 능력을 개발하는데 대부분의 한국 사람들이 무지했다는 사실을 비춰 주는 지도 모른다. 한국 부모들은 그들 자녀들을 공부하게끔 내몰았던 만큼 새로운 기술과 지식을 습득하려고 노력해야 할 것으로 보인다.

주요구문
generational gap may also mirror(비춰 준다, 반영시켜 준다) the phenomenon 세대적 차이는 이와 같은 차이를 반영시켜 주는지도 모른다

양극화된 노동력
장년층 능력 강화를 위한 노력이 필요하다

일부 시사해설가들이 이곳에서 지적하고 있는 바와 같이 _____

하지만 _____

세대 간 격차는 _____

역시 사실을 비춰 주는지도 모른다 _____

대부분의 한국 사람들이 무시했다는 _____

직장에서 그들의 능력을 개발하는데 _____

대학을 졸업한 후에 _____

그들이 치열한 경쟁을 통해서 들어간 _____

할 것으로 보인다 _____

한국 부모들은 노력해야만 _____

새로운 기술과 지식을 습득하려고 _____

그들 자녀들을 공부하게끔 내몰았던 만큼 _____

Editorial 07
Polarized workforce
Efforts needed to enhance elderly competency

But it might be unfair
to put all the blame on senior Korean citizens
for being left behind by their peers in other countries.
Most of them
have exhausted themselves
contributing to the country's rapid economic growth
throughout their life,
with few chances to recharge.
Korean companies have paid little attention
to retraining older employees.

The findings of the OECD survey
should prompt
government and corporate officials
to strengthen efforts
to further promote lifelong education
and reemployment assistance training programs.
Equipping a growing number of elderly Koreans
with upgraded skills and knowledge
will be essential to maintain and enhance
the country's international competitiveness.

해석 양극화된 노동력
장년층 능력 강화를 위한 노력이 필요하다

그러나 이것은 부당할지 모른다
한국 장년층 사람들에게 모든 책임을 돌린다는 것은
다른 나라의 그들 세대 사람들보다 뒤처진 데 대해서
그들 중 대부분은
그들 자신을 다 **소모시켜 버렸다**   exhausted 다 써버리다, 소모된, 기진맥진한
이 나라가 빠른 경제 성장을 하는데 기여하느라
그들의 일생 동안
재충전할 기회도 없이   recharge 재충전
한국 회사들은 관심도 기울이지 않고 있다
장년층 직원들을 재훈련시키는데

OECD 조사 연구 결과는
만들어야 할 것이다
정부와 기업체 간부들로 하여금
노력을 강화하도록
생애 교육을 더욱 추진하고
그리고 재고용에 도움되는 훈련 프로그램을 조장하기 위한
점점 숫자가 많아지는 한국의 장년층들을 갖추게끔 하는 것이
업그레이드된 기술과 지식으로
유지하고 강화시키는 필수적인 일이 될 것이다.
한국의 국제적 경쟁력을

EDITORIAL

But it might be unfair to put all the blame on senior Korean citizens for being left behind by their peers in other countries. Most of them have exhausted themselves contributing to the country's rapid economic growth throughout their life, with few chances to recharge. Korean companies have paid little attention to retraining older employees.

The findings of the OECD survey should prompt government and corporate officials to strengthen efforts to further promote lifelong education and reemployment assistance training programs. Equipping a growing number of elderly Koreans with upgraded skills and knowledge will be essential to maintain and enhance the country's international competitiveness.

그러나 다른 나라에 있는 그들 세대 사람들보다 뒤처진 데 대해서 장년층 사람들에게 모든 책임을 돌린다는 것은 부당할 지 모른다. 그들 중 대부분은 이 나라가 빠른 경제 성장을 하는데 그들의 일생 동안 그들 자신을 기여하느라 재충전할 기회도 없이 다 지쳐버렸다. 한국 회사들은 장년층 직원들을 재훈련시키는데 관심도 기울이지 않고 있다.

OECD 조사 연구 결과는 정부와 기업체 간부들로 하여금 일생 동안 교육을 추진하고 재고용에 도움되는 훈련 프로그램을 조장하기 위한 노력을 강화하도록 만들어야 할 것이다. 점점 숫자가 많아지는 한국의 노년층들이 업그레이드된 기술과 지식을 갖추게끔 하는 것은 한국의 국제적 경쟁력을 유지하고 강화시키는 필수적인 일이 될 것이다.

exhausted oneself 지치다
throughout their life 일생 동안

양극화된 노동력
장년층 능력 강화를 위한 노력이 필요하다

그러나 이것은 부당할지 모른다 _____
한국 장년층 사람들에게 모든 책임을 돌린다는 것은 _____
다른 나라의 그들 세대 사람들보다 뒤처진 데 대해서 _____
그들 중 대부분은 _____
그들 자신을 다 소모시켜 버렸다 _____
이 나라가 빠른 경제 성장을 하는데 기여하느라 _____
그들의 일생 동안 _____
재충전할 기회도 없이 _____
한국 회사들은 관심도 기울이지 않고 있다 _____
장년층 직원들을 재훈련시키는데 _____

OECD 조사 연구 결과는 _____
만들어야 할 것이다 _____
정부와 기업체 간부들로 하여금 _____
노력을 강화하도록 _____
생애 교육을 더욱 추진하고 _____
그리고 재고용에 도움되는 훈련 프로그램을 조장하기 위한 _____
점점 숫자가 많아지는 한국의 장년층들을 갖추게끔 하는 것이 _____
업그레이드된 기술과 지식으로 _____
유지하고 강화시키는 필수적인 일이 될 것이다 _____
한국의 국제적 경쟁력을 _____

The Korea Herald

Editorial

08

Accommodating attitude

Objection to refugee camp should be ended

Editorial 08

Accommodating attitude
Objection to refugee camp should be ended

It took more than two decades
for Korea to enact a relevant domestic law
after it joined
the U.N. Convention on the Status of Refugees in 1992.
The law, which came into force in July,
should mean
that more asylum seekers are allowed to settle here
and that their treatment is improved.
Under this act,
the Justice Ministry has set up a new division
in charge of refugee affairs,
deploying officials in eight places,
including Incheon International Airport,
to examine applications for asylum.

해석 수용 자세
난민 수용소 반대는 중단되어야 한다

20년 이상이 걸렸다

한국이 여기에 **적절한** 국내법을 **입안**하는데   **enact** 제정하다, 규정하다, 일으키다

가입한 후   **relevant** 관련 있는, 적절한, 연관된

1992년에 U.N. 난민 신분 협정에

7월에 시행된 이 법은

의미한다

더 많은 난민 희망자들이 이곳에 정착하도록 허용해야 하고

그들 **대우**도 개선돼야 된다는 것을 의미한다   **treatment** 대우

이 법에 따라

법무부는 새로운 부서를 설립했다

난민 문제를 **책임지는**   **in charge of** 관리하는, 맡는

그리고 8개 지역에 직원들을 **배치**했다   **deploying** 배치하다

인천국제공항을 포함하여

난민 신청 검토를 위한   **asylum** 망명, 보호

EDITORIAL

It took more than two decades for Korea to enact a relevant domestic law after it joined the U.N. Convention on the Status of Refugees in 1992. The law, which came into force in July, should mean that more asylum seekers are allowed to settle here and that their treatment is improved. Under this act, the Justice Ministry has set up a new division in charge of refugee affairs, deploying officials in eight places, including Incheon International Airport, to examine applications for asylum.

한국이 1992년에 U.N. 난민 신분 협정에 가입한 후 여기에 적절한 국내법을 입안하는데 20년 이상이 걸렸다. 7월에 시행된 이 법은 더 많은 난민 희망자들이 이곳에 정착할 수 있도록 허용해야 한다는 것을 의미하고 그들 대우도 개선돼야 된다는 것을 의미한다. 이 법에 따라 법무부는 난민 문제를 책임지는 새로운 부서를 설립하였고 인천국제공항을 포함한 8개 지역에 난민 신청 검토를 하기 위하여 직원들을 배치하였다.

주요구문

it ~ for ~ A to B　A가 B하도록 하다
more asylum seekers are allowed to settle here and that their treatment is improved
더 많은 망명자들이 이곳에 정착하도록 허락받고 그들의 대우도 개선되어야 한다
be allowed to　~하도록 허락되다

수용 자세
난민 수용소 반대는 중단되어야 한다

20년 이상이 걸렸다 _____

한국이 여기에 적절한 국내법을 입안하는데 _____

가입한 후 _____

1992년에 U.N. 난민 신분 협정에 _____

7월에 시행된 이 법은 _____

의미한다 _____

더 많은 난민 희망자들이 이곳에 정착하도록 허용해야 하고 _____

그들 대우도 개선돼야 된다는 것을 의미한다 _____

이 법에 따라 _____

법무부는 새로운 부서를 설립했다 _____

난민 문제를 책임지는 _____

그리고 8개 지역에 직원들을 배치했다 _____

인천국제공항을 포함하여 _____

난민 신청 검토를 위한 _____

Editorial 08

Accommodating attitude
Objection to refugee camp should be ended

It cannot be said
that Korea has been active in accepting refugees.
Since 1994, a total of 5,843 foreign people,
most of them from South Asian and African nations,
have applied for asylum here,
but only 340 of the applications were approved.
In addition,
176 people were allowed to stay in the country
on humanitarian grounds.
The approval rate of less than 10 percent
is far below the world average of about 30 percent.

Seoul's reluctance
may be partly attributed to its concerns
that refugee status could be used as a means
for illegal immigrants to gain residence.
With the annual number of asylum applications
having exceeded 1,000 in recent years,
Korea needs to be more positive
and accommodative toward accepting refugees.
Its attitude toward the matter
should correspond to the status of a country
seeking to assume more responsible roles
on the global stage
based on its growing economic and cultural power.

해석 # 수용 자세
난민 수용소 반대는 중단되어야 한다

그것은 말할 수 없다
한국이 난민들을 받아들이는데 적극적으로 활동 했다고
1994년 이래로 5,843명의 외국인들이
그들 중 거의 대부분이 동아시아와 아프리카에서 온 사람들인데
그들이 이곳에서 망명을 신청했다
그러나 이 신청 가운데에서 단지 340명이 승인되었다
여기에 추가적으로
176명이 이 나라에 머물도록 허가되었다
인도적인 명분하에
10%도 안 되는 승인율은
평균 30% 선인 세계에는 훨씬 못 미친다

한국의 **적극적이지 못한** 행동은   **reluctance** 꺼림, 주저함
부분적인 우려 때문인지도 모른다
그것은 난민 신분이 수단으로 사용될 수 있다는
불법 이민자들이 거주권을 얻기 위한
연간 망명 신청 수가
근래 수년 동안 1,000건이 넘었기 때문에
한국은 좀 더 긍정적일 필요가 있고
그리고 난민을 받아들이는데 대해서 더 수용적으로 될 필요가 있다
이 문제에 대한 한국의 태도는
이런 나라 신분에 **걸맞아야** 한다   **correspond** 해당하다, 일치하다
더 많은 책임적인 역할을 떠맡으려고 하는
국제 무대에서
점점 커져가는 경제와 문화적인 힘을 바탕으로 한

EDITORIAL

It cannot be said that Korea has been active in accepting refugees. Since 1994, a total of 5,843 foreign people, most of them from South Asian and African nations, have applied for asylum here, but only 340 of the applications were approved. In addition, 176 people were allowed to stay in the country on humanitarian grounds. The approval rate of less than 10 percent is far below the world average of about 30 percent.

Seoul's reluctance may be partly attributed to its concerns that refugee status could be used as a means for illegal immigrants to gain residence. With the annual number of asylum applications having exceeded 1,000 in recent years, Korea needs to be more positive and accommodative toward accepting refugees. Its attitude toward the matter should correspond to the status of a country seeking to assume more responsible roles on the global stage based on its growing economic and cultural power.

한국이 난민들을 받아들이는데 적극적으로 활동했다고 말할 수 없다. 1994년 이래로 거의 대부분이 동아시아와 아프리카에서 온 5,843명의 외국인들은 이곳에서 망명을 신청했다. 그러나 이 신청 가운데에서 단지 340명이 승인되었다. 여기에 추가하여 176명이 인도적인 명분하에 이 나라에 머물도록 허가되었다. 10%도 안 되는 승인율은 평균 30% 선인 세계에는 훨씬 못미친다.

한국의 적극적이지 못한 행동은 난민 신분이 불법 이민자들이 거주권을 얻기 위한 방법으로 사용될 수 있다는 일부적인 우려 때문인지도 모른다. 1년에 망명 신청 수가 작년에 1,000건이 넘어선 이 시점에 한국은 난민을 받아들이는데 대해서 좀 더 긍정적이고 수용적으로 될 필요가 있다. 이 문제에 대한 한국의 태도는 점점 커져가는 경제와 문화적인 힘을 바탕으로 한 국제무대에서 더 많은 책임적인 역할을 떠맡으려고 하는 이런 나라 신분에 걸맞아야 한다.

영작 연습

수용 자세
난민 수용소 반대는 중단되어야 한다

그것은 말할 수 없다 _____
한국이 난민들을 받아들이는데 적극적으로 활동 했다고 _____
1994년 이래로 5,843명의 외국인들이 _____
그들 중 거의 대부분이 동아시아와 아프리카에서 온 사람들인데 _____
그들이 이곳에서 망명을 신청했다 _____
그러나 이 신청 가운데에서 단지 340명이 승인되었다 _____
여기에 추가적으로 _____
176명이 이 나라에 머물도록 허가되었다 _____
인도적인 명분하에 _____
10%도 안 되는 승인율은 _____
평균 30% 선인 세계에는 훨씬 못 미친다 _____

한국의 적극적이지 못한 행동은 _____
부분적인 우려 때문인지도 모른다 _____
그것은 난민 신분이 수단으로 사용될 수 있다는 _____
불법 이민자들이 거주권을 얻기 위한 _____
연간 망명 신청 수가 _____
근래 수년 동안 1,000건이 넘었기 때문에 _____
한국은 좀 더 긍정적일 필요가 있고 _____
그리고 난민을 받아들이는데 대해서 더 수용적으로 될 필요가 있다 _____
이 문제에 대한 한국의 태도는 _____
이런 나라 신분에 걸맞아야 한다 _____
더 많은 책임적인 역할을 떠맡으려고 하는 _____
국제 무대에서 _____
점점 커져가는 경제와 문화적인 힘을 바탕으로 한 _____

Accommodating attitude
Objection to refugee camp should be ended

In this sense,
the refugee law should have been enacted earlier,
though it is better late than never.
But institutional improvement alone
cannot guarantee substantial results.

Officials handling asylum applications
should be educated
to have adequate understanding
and knowledge of the oppressive situations
in the escapees' home countries.
What is most needed
is probably a change
in the Korean public's perception of refugees.

It is regretful — and maybe even shameful —
that a refugee camp built
on an island off the western coast
has failed to open its doors for months
in the face of resistance from residents,
who are known to be worried
that it would hamper the security
and development of their village.

해석 수용 자세
난민 수용소 반대는 중단되어야 한다

이런 의미에서
난민법은 좀 더 일찍 입안되는 것이 옳았을 것이다
비록 안 하는 것보다 늦은 것이 낫기는 하지만
그러나 제도적인 발전 하나만 가지고는

충분한 결과를 보장할 수 없다   **substantial** 상당한, 실질적인, 중대한
망명 신청을 취급하는 관리들은
교육 받아야 한다
적절히 이해되고
압제적인 상황에 대해서 지식을 가질 수 있도록   **oppressive** 압제적인, 가혹한
난민들의 본국에 있어서의   **escapee** 도망자, 도피자
가장 중요한 것은
어쩌면 인식 변화인지도 모른다
난민들에 대한 한국인들의 일반적인

이것은 유감스럽고
— 그리고 **수치스러운** 일이다 —   **shameful** 부끄러운, 수치스러운, 창피한
지어진 난민 수용소가
서해안 한 섬에
수개월 동안 문을 열지 못했다는 것은
이 지역 주민들의 반대에 부딪혀서
이곳 주민들은 두려워하고 있는 것으로 알려져 있다
난민 수용소가 지역 주민들의 안보에 **방해**가 되고   **hamper** 시행하다, 방해물
마을 발전을 저해하지 않을까

EDITORIAL

In this sense, the refugee law should have been enacted earlier, though it is better late than never. But institutional improvement alone cannot guarantee substantial results.

Officials handling asylum applications should be educated to have adequate understanding and knowledge of the oppressive situations in the escapees' home countries. What is most needed is probably a change in the Korean public' perception of refugees.

It is regretful — and maybe even shameful — that a refugee camp built on an island off the western coast has failed to open its doors for months in the face of resistance from residents, who are known to be worried that it would hamper the security and development of their village.

이런 의미에서 난민법은 비록 안 하는 것보다 늦은 것이 낫기는 하지만 좀 더 일찍 입안되는 것이 옳았을 것이다. 그러나 제도적인 발전 하나만 가지고는 충분한 결과를 보장할 수 없다.

망명 신청을 취급하는 관리들은 난민들의 본국 압제적인 상황에 대해서 적절히 이해되고 지식을 가질 수 있도록 교육 받아야 한다. 가장 중요한 것은 어쩌면 난민들에 대한 한국인들의 일반적인 인식 변화인지도 모른다.

서해안 한 섬에 지어진 난민 수용소가 이 지역 주민들의 반대에 부딪혀서 수개월 동안 문을 열지 못했다는 것은 유감스럽고 수치스런 일이다. 이곳 주민들은 난민 수용소가 지역 주민들의 안보에 방해가 되고 마을 발전을 저해하지 않을까 두려워하고 있는 것으로 알려져 있다.

It is regretful — and maybe even shameful — that It ~ that 용법
— and maybe even shameful — 은 even 안의 삽입구

수용 자세
난민 수용소 반대는 중단되어야 한다

이런 의미에서 _____
난민법은 좀 더 일찍 입안되는 것이 옳았을 것이다 _____
비록 안 하는 것보다 늦은 것이 낫기는 하지만 _____
그러나 제도적인 발전 하나만 가지고는 _____
충분한 결과를 보장할 수 없다 _____

망명 신청을 취급하는 관리들은 _____
교육 받아야 한다 _____
적절히 이해되고 _____
압제적인 상황에 대해서 지식을 가질 수 있도록 _____
난민들의 본국에 있어서의 가장 중요한 것은 _____
어쩌면 인식 변화인지도 모른다 _____
난민들에 대한 한국인들의 일반적인 _____

이것은 유감스럽고 _____
— 그리고 수치스러운 일이다 — _____
지어진 난민 수용소가 _____
서해안 한 섬에 _____
수개월 동안 문을 열지 못했다는 것은 _____
이 지역 주민들의 반대에 부딪혀서 _____
이곳 주민들은 두려워하고 있는 것으로 알려져 있다 _____
난민 수용소가 지역 주민들의 안보에 방해가 되고 _____
마을 발전을 저해하지 않을까 _____

Accommodating attitude
Objection to refugee camp should be ended

This concern
is exaggerated or ungrounded.
Refugees will be housed in the facility
after undergoing a strict screening process.
Asylum seekers, particularly
those with political or conscientious reasons,
are not just people in need,
but also have the courage to say no
in accordance with their beliefs.
A society
accommodating refugees wholeheartedly
is also a better place for its citizens to live in.
The place where the refugee center is located
will likely be symbolic
of the country's endeavor to be faithful
to humanitarian causes.

해석 수용 자세
난민 수용소 반대는 중단되어야 한다

이 같은 염려는
과장되거나 근거 없는 일이다   **exaggerate** 과장된
난민들은 시설에 수용된다
엄격한 심사 과정을 받은 후에
망명 신청자 특히
정치적 이유나 양심적인 이유를 가지고 있는 이 사람들은
단순히 도움을 원하는 사람일 뿐만 아니라
역시 'No'라고 말할 수 있는 용기를 가진 사람들이다
한 사회는
난민을 **가슴으로 받아들**이는   **wholeheartedly** 충심으로
그 나라 국민이 사는 데도 더 좋은 장소다
난민 센터가 자리 잡고 있는 장소는
상징일 가능성도 있을 것이다
그 나라의 **노력**이 충실하기 위한   **endeavor** 노력
인류적인 명분에   **humanitarian** 인도주의적

EDITORIAL

This concern is exaggerated or ungrounded. Refugees will be housed in the facility after undergoing a strict screening process. Asylum seekers, particularly those with political or conscientious reasons, are not just people in need, but also have the courage to say no in accordance with their beliefs. A society accommodating refugees wholeheartedly is also a better place for its citizens to live in. The place where the refugee center is located will likely be symbolic of the country's endeavor to be faithful to humanitarian causes.

이 같은 염려는 과장되거나 근거 없는 일이다. 난민들은 엄격한 심사 과정을 받은 후 시설에 수용된다. 망명 신청자 특히 정치적 이유나 양심적인 이유를 가지고 있는 사람들은 단순히 도움을 원하는 사람일 뿐만 아니라 그들의 신념에 따라서 'No'라고 말할 수 있는 용기를 가지고 있는 사람들이다. 난민을 가슴으로 받아들이는 이 사회는 그 나라 국민이 사는 데도 더 좋은 장소다. 난민 센터가 자리 잡고 있는 장소는 그 나라의 노력이 인류적인 명분에 충실하기 위한 상징일 가능성도 있을 것이다.

수용 자세
난민 수용소 반대는 중단되어야 한다

이 같은 염려는 _____
과장되거나 근거 없는 일이다 _____
난민들은 시설에 수용된다 _____
엄격한 심사 과정을 받은 후에 _____
망명 신청자 특히 _____
정치적 이유나 양심적인 이유를 가지고 있는 이 사람들은 _____
단순히 도움을 원하는 사람일 뿐만 아니라 _____
역시 'No'라고 말할 수 있는 용기를 가진 사람들이다 _____
한 사회는 _____
난민을 가슴으로 받아들이는 _____
그 나라 국민이 사는 데도 더 좋은 장소다 _____
난민 센터가 자리 잡고 있는 장소는 _____
상징일 가능성도 있을 것이다 _____
그 나라의 노력이 충실하기 위한 _____
인류적인 명분에 _____

Editorial 08

Accommodating attitude
Objection to refugee camp should be ended

There may be a gap between the ideal and the reality.
In the issue of opening up the refugee camp,
the gap can and should be bridged in a wise manner
that would ease residents's concerns
and hopefully give them pride
in fulfilling their obligation as members of the global village.
For its part, the government needs to step up efforts
to dissolve the resistance through a reasonable persuasion
coupled with some complementary measures
if necessary.

해석 수용 자세
난민 수용소 반대는 중단되어야 한다

이상과 현실 사이에는 간격이 있을지도 모른다
난민 수용소를 문 여는 문제에 있어서
이 간격은 다리 역할이 될 수도 있고 또 되어야 한다
주민들의 우려를 어느 정도 완화시킬 수 있는 방법으로
또 그들에게 자부심을 줄 수 있기를 기대한다
지구촌의 회원으로서 그들의 의무를 수용하는데
이 문제에 있어서 정부는 한층 더 노력을 강화할 필요성이 있다.
주민들의 반대를 해소하기 위하여
적절한 주민 **설득**을 통해서   **persuasion** 설득
일부 보안적인 조치와 더불어
필요하다면

EDITORIAL

There may be a gap between the ideal and the reality. In the issue of opening up the refugee camp, the gap can and should be bridged in a wise manner that would ease residents' concerns and hopefully give them pride in fulfilling their obligation as members of the global village. For its part, the government needs to step up efforts to dissolve the resistance through a reasonable persuasion coupled with some complementary measures if necessary.

이상과 현실 사이에는 간격이 있을지도 모른다. 난민 수용소를 문 여는 문제에 있어서 이 간격은 주민들의 우려를 어느 정도 완화시킬 수 있는 방법으로 다리 역할을 할 수 있고 또 그런 역할이 되어야 한다. 또 그들에게 지구촌의 회원으로서 그들의 의무를 수용하는데 자부심을 줄 수 있기를 기대한다. 이 문제에 있어서 정부는 필요하다면 일부 보완적인 조치와 더불어 적절한 주민 설득을 통해서 주민들의 반대를 해소하기 위하여 한층 더 노력을 강화할 필요성이 있다.

수용 자세
난민 수용소 반대는 중단되어야 한다

이상과 현실 사이에는 간격이 있을지도 모른다 _____

난민 수용소를 문 여는 문제에 있어서 _____

이 간격은 다리 역할이 될 수도 있고 또 되어야 한다 _____

주민들의 우려를 어느 정도 완화시킬 수 있는 방법으로 _____

또 그들에게 자부심을 줄 수 있기를 기대한다 _____

지구촌의 회원으로서 그들의 의무를 수용하는데 _____

이 문제에 있어서 정부는 더 한층 노력을 강화할 필요성이 있다 _____

주민들의 반대를 해소하기 위하여 _____

적절한 주민 설득을 통해서 _____

일부 보안적인 조치와 더불어 _____

필요하다면 _____

The Korea Herald

Editorial

09

Cutting working hours

'Grand bargain' on labor issues needed

Cutting working hours

Editorial 09

'Grand bargain' on labor issues needed

The government is stepping up efforts
to cut the maximum working hours per week
from the current 68 hours to 52 hours.
On Monday,
it agreed with the ruling Saenuri Party
to revise the relevant law
during the ongoing parliamentary session.

Under the law,
standard working hours in Korea
are eight hours a day, or 40 hours per week.
On top of that,
up to 12 hours of overtime work
is allowed per week.
The problem with the law, however, is
that it does not say
whether weekend work is included in overtime work
or not.

해석 근로시간 단축
노동 문제에 대한 대협상이 필요하다

정부는 노력을 서두르고 있다
주당 최대 근로시간을 단축하기 위한
현재 68시간에서 52시간으로
월요일에
정부는 여당인 새누리당과 합의했다
적절한 법을 개정하기로   **relevant** 관련 있는, 적절한
현재 **진행 중에** 있는 국회 회기 동안   **ongoing** 진행 중인

그 법에 의하여
한국의 평균 근로시간은
하루에 8시간이고 일주일에 40시간이다
그 이외에 최고
근로시간 이후 추가 **연장시간**을 12시간까지   **overtime** 초과 근무
일주일마다 허용된다
하지만 이 법의 문제점은
법 내용에는 언급되지 않고 있다는 것이다
주말 근로가 연장 근무에 포함되는지
혹은 아닌지에 대해서는

EDITORIAL

The government is stepping up efforts to cut the maximum working hours per week from the current 68 hours to 52 hours. On Monday, it agreed with the ruling Saenuri Party to revise the relevant law during the ongoing parliamentary session.

Under the law, standard working hours in Korea are eight hours a day, or 40 hours per week. On top of that, up to 12 hours of overtime work is allowed per week. The problem with the law, however, is that it does not say whether weekend work is included in overtime work or not.

정부는 최대 근로시간을 현재 68시간에서 52시간으로 단축하기 위한 노력을 서두르고 있다. 월요일에 정부는 여당인 새누리당과 현재 진행 중에 있는 국회 회기 동안 적절한 법을 개정하기로 합의했다.

현행 법에 의하면 한국의 평균 근로시간은 하루에 8시간, 일주일에 40시간이다. 그 이외에 근로시간 이후 추가 연장시간이 최고 일주일에 12시간까지 허용된다. 하지만 이 법의 문제점은 법 내용에는 주말 근로가 연장 근무에 포함되는지 아닌지에 대해서는 언급되지 않고 있다는 것이다.

주요구문
stepping up efforts 노력을 서두르다, 강화시키다

근로시간 단축
노동 문제에 대한 대협상이 필요하다

정부는 노력을 서두르고 있다 _____
주당 최대 근로시간을 단축하기 위한 _____
현재 68시간에서 52시간으로 _____
월요일에 _____
정부는 여당인 새누리당과 합의했다 _____
적절한 법을 개정하기로 _____
현재 진행 중에 있는 국회 회기 동안 _____

그 법에 의하여 _____
한국의 평균 근로시간은 _____
하루에 8시간이고 일주일에 40시간이다 _____
그 이외에 최고 _____
근로시간 이후 추가 연장시간을 12시간까지 _____
일주일마다 허용된다 _____
하지만 이 법의 문제점은 _____
법 내용에는 언급되지 않고 있다는 것이다 _____
주말 근로가 연장 근무에 포함되는지 _____
혹은 아닌지에 대해서는 _____

Editorial 09 — Cutting working hours
'Grand bargain' on labor issues needed

The government's interpretation thus far
has been that it is not included.
This has allowed employees
to work up to 16 hours on weekends
after working 52 hours during the weekdays,
thus effectively extending the maximum working hours
to 68 hours per week.

The government intends to shorten working hours
by defining weekend work as overtime work.
It hopes
this change will generate new job opportunities,
helping it boost Korea's employment rate
to 70 percent,
as pledged by President Park Geun-hye.

The government
plans to implement the proposed change
in working hours gradually,
first applying it to companies
with 300 or more employees in 2016,
then to those with 30 to 299 workers in 2017
and to the remainder in 2018.

해석 근로시간 단축
노동 문제에 대한 대협상이 필요하다

지금까지 정부의 **해석**은 **interpretation** 해석, 설명, 이해
연장시간 이후의 근무가 포함되지 않는다는 것이다
이런 이유로 근로자들이 하게 한다
주말에 최대 16시간 일을
주중에 52시간 일을 한 후에도
그래서 주당 최대 근로시간을 연장시키고 있는 것이다
일주일에 68시간

정부는 근로시간을 단축할 계획이다
주말 근무를 연장 근무로 규정함으로써
정부는 희망하고 있다
한국 취업률을 끌어올리는 역할을 할 수 있기를
70%에
박근혜 대통령이 **약속**한 대로 **pledge** 공약하다, 약속하다, 맹세하다

정부는
제안된 수정안을 **적용시킬** 계획이다 **implement** 시행하다, 실시하다
점차적으로 근로시간에 대한
우선 이 법을 회사부터 적용시키고
2016년에 300명 이상의 근로자들을 가진
다음에는 2017년에 30명에서 299명의 직원이 있는 회사에 적용시키고
그리고 나머지를 2018년도에

EDITORIAL

The government's interpretation thus far has been that it is not included. This has allowed employees to work up to 16 hours on weekends after working 52 hours during the weekdays, thus effectively extending the maximum working hours to 68 hours per week.

The government intends to shorten working hours by defining weekend work as overtime work. It hopes this change will generate new job opportunities, helping it boost Korea's employment rate to 70 percent, as pledged by President Park Geun-hye.

The government plans to implement the proposed change in working hours gradually, first applying it to companies with 300 or more employees in 2016, then to those with 30 to 299 workers in 2017 and to the remainder in 2018.

지금까지 정부의 해석은 연장시간 이후의 근무가 포함되지 않는다는 것이었다. 이런 이유로 근로자들이 주중에 52시간 일을 한 후에도 주말에 최대 16시간 동안 일을 하게 한다. 그래서 주당 최대 근로시간을 일주일에 68시간을 연장시키고 있는 것이다.

정부는 주말 근무를 연장 근무로 규정함으로써 근로시간을 단축할 계획이다. 정부는 이번 수정이 새로운 일자리를 창출할 것이며 박근혜 대통령이 약속한 대로 한국 취업률을 70%로 끌어올리는 역할을 할 수 있기를 정부가 희망하고 있다.

정부는 점차적으로 근로시간에 대한 제한된 수정안을 도입할 계획이고 먼저 이 법을 2016년에 300명 이상의 근로자들을 가진 회사부터 적용시키고 다음에는 2017년에 30명에서 299명의 직원이 있는 회사에 적용시키고 나머지를 2018년도에 적용시킬 계획이다.

근로시간 단축
노동 문제에 대한 대협상이 필요하다

지금까지 정부의 해석은 _____

연장시간 이후의 근무가 포함되지 않는다는 것이다 _____

이런 이유로 근로자들이 하게 한다 _____

주말에 최대 16시간 동안 일을 _____

주중에 52시간 일을 한 후에도 _____

그래서 주당 최대 근로시간을 연장시키고 있는 것이다 _____

일주일에 68시간 _____

정부는 근로시간을 단축할 계획이다 _____

주말 근무를 연장 근무로 규정함으로써 _____

정부는 희망하고 있다 _____

이번 수정이 새로운 일자리를 창출할 것이며 _____

한국 취업률을 끌어올리는 역할을 할 수 있기를 _____

70%에 _____

박근혜 대통령이 약속한 대로 _____

정부는 _____

제안된 수정안을 적용시킬 계획이다 _____

점차적으로 근로시간에 대한 _____

우선 이 법을 회사부터 적용시키고 _____

2016년에 300명 이상의 근로자들을 가진 _____

다음에는 2017년에 30명에서 299명의 직원이 있는 회사에 적용시키고 _____

그리고 나머지를 2018년도에 _____

Editorial 09

Cutting working hours
'Grand bargain' on labor issues needed

It also plans
to allow companies to extend overtime work
beyond 12 hours a week,
providing that their labor unions accept it.
This is intended to mitigate the impact
that the shortened working hours
could have on companies.

The government's scheme thus
accommodates employers' concerns
about any abrupt change
in their business environment.
But employers, especially
those running small and medium-sized enterprises,
are still worried
that the government's reform campaign
might end up simply increasing their labor costs.

A reduction in working hours
can expand employment to the degree that wages are cut.
If working hours are shortened
without any reduction in salaries,
employers will find it difficult to expand their workforce.

해석 근로시간 단축
노동 문제에 대한 대협상이 필요하다

정부는
모든 회사들이 연장 근무를 확대시키도록 허용할 예정이며
1주에 12시간 이상으로
그들의 **노동조합**이 이것을 받아들인다면　　　　　**labor union** 노동조합
이것은 영향을 **줄이기** 위한 목적이다　　　　　　　**mitigate** 완화하다, 가라앉다
단축된 근로시간이
회사에 끼칠 수 있는

이런 이유로 정부의 이 **계획**은　　　　　　　　　　**scheme** 계획, 조직, 설계
고용주들의 우려를 **수용**하고 있다　　　　　　　　**accommodate** 수용하다, 맞추다
갑작스런 변화에 대한　　　　　　　　　　　　　　**abrupt** 갑작스러운, 급격한
그들의 사업 분위기에
그러나 고용주들 특히
중소기업을 운영하고 있는 사람들은
아직도 우려하고 있다
정부의 이 개혁 운동이
단순히 근로자들의 임금만 늘리는 결과가 되어버릴지도 모른다는

근로시간 **축소**는　　　　　　　　　　　　　　　　　**reduction** 감축, 축소, 감소
고용을 임금이 줄어드는 수준으로 확대시킬 수 있다
만약 근로시간이 줄어든다면
봉급의 축소 없이
고용주들은 그들의 노동력을 확대하기가 어려울 것이다

EDITORIAL

It also plans to allow companies to extend overtime work beyond 12 hours a week, providing that their labor unions accept it. This is intended to mitigate the impact that the shortened working hours could have on companies.

The government's scheme thus accommodates employers' concerns about any abrupt change in their business environment. But employers, especially those running small and medium-sized enterprises, are still worried that the government's reform campaign might end up simply increasing their labor costs.

A reduction in working hours can expand employment to the degree that wages are cut. If working hours are shortened without any reduction in salaries, employers will find it difficult to expand their workforce.

정부는 모든 회사들이 연장 근무시간을 1주에 12시간 이상으로 확대시키도록 허용할 예정이며 그들의 노동조합이 이것을 받아들인다는 조건이다. 이것은 단축된 근로시간이 회사에 끼칠 수 있는 영향을 줄이기 위한 목적이다.

이런 이유로 정부의 이 계획은 그들 사업 분위기의 갑작스런 변화에 대한 고용주들의 우려를 수용하고 있다. 그러나 고용주들 특히 중소기업을 운영하고 있는 사람들은 아직도 정부의 이 개혁 운동이 단순히 그들의 근로자 임금만 늘리는 결과가 되어버릴지도 모른다는 우려를 하고 있다.

근로시간 축소는 고용을 임금이 줄어드는 수준으로 확대시킬 수 있다. 만약 근로시간이 봉급의 축소 없이 줄어든다면 고용주들은 그들의 노동력을 확대하기가 어려울 것이다.

근로시간 단축
노동 문제에 대한 대협상이 필요하다

정부는 _____
모든 회사들이 연장 근무를 확대시키도록 허용할 예정이며 _____
1주에 12시간 이상으로 _____
그들의 노동조합이 이것을 받아들인다면 _____
이것은 영향을 줄이기 위한 목적이다 _____
단축된 근로시간이 _____
회사에 끼칠 수 있는 _____

이런 이유로 정부의 이 계획은 _____
고용주들의 우려를 수용하고 있다 _____
갑작스런 변화에 대한 _____
그들의 사업 분위기에 _____
그러나 고용주들 특히 _____
중소기업을 운영하고 있는 사람들은 _____
아직도 우려하고 있다 _____
정부의 이 개혁 운동이 _____
단순히 근로자들의 임금만 늘리는 결과가 되어버릴지도 모른다는 _____

근로시간 축소는 _____
고용을 임금이 줄어드는 수준으로 확대시킬 수 있다 _____
만약 근로시간이 줄어든다면 _____
봉급의 축소 없이 _____
고용주들은 그들의 노동력을 확대하기가 어려울 것이다 _____

Cutting working hours

'Grand bargain' on labor issues needed

Government data show
that compensation for weekend work accounted
for more than 13 percent of wages in 2010.
If weekend work is included in overtime work,
it is rational to expect
that salaries are cut by as much.

But labor organizations are against any cut in pay.
They have made it clear
they would not tolerate any attempt
to cut workers' wages.

They are also critical
of the government's latest proposal
as it suggests a gradual approach
in cutting working hours.
They have been calling for an immediate
and across-the-board reduction of working hours.

해석 근로시간 단축
노동 문제에 대한 대협상이 필요하다

정부 데이터는 밝히고 있다
주말 근로에 대한 **보수**는 평가되었다   **compensation** 보수, 급여
2010년에 임금의 13%를 넘는다고
만일 주말 근로가 연장 근무에 포함된다면
생각하는 것이 **합리적**이다   **rational** 합리적인, 논리적인, 이성적인
월급도 그만큼 깎여야 된다고

그러나 노동단체들은 월급 삭감을 반대하고 있다
그들이 분명히 했다
어떠한 기도도 **용납**하지 않을 것임을   **tolerate** 참다, 견디다, 내성이 있다. 허용하다
근로자의 임금을 깎으려고 하는

그들은 역시 비판적이다
정부의 최근 이 제안에 대해서
정부가 점차적으로 제안하고 있어서
그들은 **즉각적**으로 촉구해 왔다   **immediate** 즉각적인, 당장, 시급한
그리고 전반적인 노동시간 단축을

EDITORIAL

Government data show that compensation for weekend work accounted for more than 13 percent of wages in 2010. If weekend work is included in overtime work, it is rational to expect that salaries are cut by as much.

But labor organizations are against any cut in pay. They have made it clear they would not tolerate any attempt to cut workers' wages.

They are also critical of the government's latest proposal as it suggests a gradual approach in cutting working hours. They have been calling for an immediate and across-the-board reduction of working hours.
But labor organizations are against any cut in pay.

정부 데이터는 2010년에 주말 근로에 대한 보수가 임금의 13%를 조금 넘는다고 밝히고 있다. 만일 주말 근로가 연장 근무에 포함된다면 월급도 그만큼 깎여야 된다고 생각하는 것이 합리적이다.

그러나 노동단체들은 월급 삭감을 반대하고 있다. 그들이 근로자의 임금을 깎으려고 하는 어떠한 기도도 용납하지 않을 것임을 분명히 했다.

그들은 정부가 노동시간 단축을 점차적으로 제한하고 있어서 그들은 정부의 최근 이 제안에 대해서 역시 비판적이다. 그들은 즉각적이고 전반적인 노동시간 단축을 촉구해 왔다.

be against ~에 반대하다

근로시간 단축
노동 문제에 대한 대협상이 필요하다

정부 데이터는 밝히고 있다 _____

주말 근로에 대한 보수는 평가되었다 _____

2010년에 임금의 13%를 넘는다고 _____

만일 주말 근로가 연장 근로에 포함된다면 _____

생각하는 것이 합리적이다 _____

월급도 그만큼 깎여야 된다고 _____

그러나 노동단체들은 월급 삭감을 반대하고 있다 _____

그들이 분명히 했다 _____

어떠한 기도도 용납하지 않을 것임을 _____

근로자의 임금을 깎으려고 하는 _____

그들은 역시 비판적이다 _____

정부의 최근 이 제안에 대해서 _____

정부가 점차적으로 제안하고 있어서 _____

그들은 즉각적으로 촉구해 왔다 _____

그리고 전반적인 노동시간 단축을 _____

Cutting working hours

'Grand bargain' on labor issues needed

The government's scheme is also met with criticism from the main opposition Democratic Party, which has been supportive of labor organizations. The party also slammed the idea of allowing companies to extend overtime work beyond 12 hours a week.

As things stand, it is hard to expect employers and workers to narrow their gap on this issue. So the government needs to pursue a "grand bargain" on a set of interrelated labor issues, which encompass reform of the wage structure, extension of the retirement age, defining ordinary income, as well as cutting working hours.

Separately, these issues are hard to resolve. Yet a breakthrough can be found if they are put on the bargaining table at the same time.

해석 근로시간 단축
노동 문제에 대한 대협상이 필요하다

정부의 계획은 비난을 받았다
제1야당인 민주당으로부터
민주당은 노동단체를 지원해 왔다
민주당은 역시 그 생각을 **맹비난**했다   **slam** 쾅 닫다, 강타하다, 때리다
모든 회사가 1주에 연장 근무를 허용한다는
12시간 이상으로

현 상황대로라면
이것은 어려운 것으로 생각된다
고용주와 근로자들이
이 문제에 대해서 의견 차이를 줄인다는 것은
그래서 정부는 '그랜드 바겐'을 추구할 필요성이 있다
관련 노동 문제를 정하는데   **interrelated** 서로 관련 있는, 상관의
임금 구성에 대한 개혁,
퇴직 연령 연장,   **retirement** 은퇴, 퇴직
주요한 일반적인 수입과
더불어 근로시간 단축을 포함하고 있는

별도로 이들 이슈는 해결하기 어렵다
하지만 하나라도 돌파구가 발견될 수 있다
만약 그들이 동시에 협상테이블에 앉는다면

EDITORIAL

The government's scheme is also met with criticism from the main opposition Democratic Party, which has been supportive of labor organizations. The party also slammed the idea of allowing companies to extend overtime work beyond 12 hours a week.

As things stand, it is hard to expect employers and workers to narrow their gap on this issue. So the government needs to pursue a "grand bargain" on a set of interrelated labor issues, which encompass reform of the wage structure, extension of the retirement age, defining ordinary income, as well as cutting working hours.

Separately, these issues are hard to resolve. Yet a breakthrough can be found if they are put on the bargaining table at the same time.

정부의 계획은 제1야당 민주당으로부터의 비판에 부딪혔고 민주당은 노동단체를 지원해 왔다. 민주당은 역시 모든 회사가 1주에 연장 근무를 12시간 이상으로 허용하는 것을 맹비난했다.

현 상황대로라면 고용주와 근로자들이 이 문제에 대해서 의견 차이를 줄인다는 것은 어려운 것으로 생각된다. 그래서 정부는 임금 구성에 대한 개혁, 퇴직연령 연장, 주요한 일반적인 수입과 더불어 근로시간 단축을 포함하고 있는 관련 노동 문제에 관하여 '그랜드 바겐'(일대 대협상)을 추구할 필요성이 있다.

별도로 이들 이슈는 해결하기 어렵다. 하지만 만약 그들이 동시에 협상 테이블에 앉는다면 하나의 돌파구라도 발견될 수 있다.

영작 연습

근로시간 단축
노동 문제에 대한 대협상이 필요하다

정부의 계획은 비난을 받았다 _____
제 1야당인 민주당으로부터 _____
민주당은 노동단체를 지원해 왔다 _____
민주당은 역시 그 생각을 맹비난했다 _____
모든 회사가 1주에 연장 근무를 허용한다는 _____
12시간 이상으로 _____

현 상황대로라면 _____
이것은 어려운 것으로 생각된다 _____
고용주와 근로자들이 _____
이 문제에 대해서 의견 차이를 줄인다는 것은 _____
그래서 정부는 '그랜드 바겐'을 추구할 필요성이 있다 _____
관련 노동 문제를 정하는데 _____
임금 구성에 대한 개혁, _____
퇴직 연령 연장, _____
주요한 일반적인 수입과 _____
더불어 근로시간 단축을 포함하고 있는 _____

별도로 이들 이슈는 해결하기 어렵다 _____
하지만 하나라도 돌파구도 발견될 수 있다 _____
만약 그들이 동시에 협상테이블에 앉는다면 _____

The Korea Herald

Editorial

10

Clashes over power line

Injunction needed against those disrupting work

Editorial 10

Clashes over power line
Injunction needed against those disrupting work

Work resumed on Wednesday
after more than four months of suspension
on the construction of a high-voltage power line
in rural villages in South Gyeongsang Province.
But nothing much has since changed,
with residents, environmentalists and antinuclear activists
staging violent protests
to disrupt construction again.

Korea Electric Power Corp.
cannot afford to endure any more delays
in the construction of a 765 kilovolt transmission line
linking a nuclear power plant under construction in Ulsan
to a substation in the provincial town of Changnyeong.
It needs to speed up work on the transmission line
if it wishes to free itself
from the specter of blackouts next summer.

| 해석 | **송전선 충돌**
직장을 파괴하는 자들에 대해서는 법정 금지 명령이 필요하다

작업이 수요일에 재개되었다
4개월 이상 **중단된** 끝에   **suspension** 정지, 보류
고압전력선 건설이
경상남도 농촌 마을에
그러나 그 이래로 하나도 바뀐 것이 없다
주민들, 환경보호단체들, 반핵운동권자들이
격렬한 시위를 **벌임으로써**   **staging** 상연, 연출, 발판
이 건설장소를 다시 파괴시키기 위한

한국전력은
지연되는 것을 더 이상 인내할 수 없는 환경이다
765킬로볼트 **송전선** 건설에   **transmission line** 송전선
울산에 현재 건설 중인 원자력발전소를 연결하는
창녕에 있는 **하부발전소**로   **substation** 분국, 지서, 변전소
한국전력은 송전선 작업을 서둘러야 할 것이다
만약 벗어나기를 원한다면
내년 여름 **단전**의 망령에서   **blackout** 정전, 소등

EDITORIAL

Work resumed on Wednesday after more than four months of suspension on the construction of a high-voltage power line in rural villages in South Gyeongsang Province. But nothing much has since changed, with residents, environmentalists and antinuclear activists staging violent protests to disrupt construction again.

Korea Electric Power Corp. cannot afford to endure any more delays in the construction of a 765 kilovolt transmission line linking a nuclear power plant under construction in Ulsan to a substation in the provincial town of Changnyeong. It needs to speed up work on the transmission line if it wishes to free itself from the specter of blackouts next summer.

경상남도 농촌 마을에서의 고압전력선 건설이 4개월 이상 중단된 끝에 수요일에 재개되었다. 그러나 주민들, 환경보호단체들, 반핵운동권자들이 이 건설장소를 다시 파괴시키기 위해 격렬한 시위를 벌임으로써 그 이래로 하나도 바뀐 것이 없다. 한국전력은 울산에 현재 건설 중인 원자력발전소를 창녕에 있는 하부발전소로 연결하는 765킬로볼트 송전선 건설에 더 이상 지연되는 것을 인내할 수 없는 환경이다. 한국전력은 만약 내년 여름 단전의 망령에서 벗어나기를 원한다면 송전선 작업을 서둘러야 할 것이다.

cannot afford to endure any more delays 더 이상 지연을 참을 수 있는 여유가 없다
can afford to by the car 그 자동차를 살 여유가 있다

송전선 충돌
직장을 파괴하는 자들에 대해서는 법정 금지 명령이 필요하다

작업이 수요일에 재개되었다 _____

4개월 이상 중단된 끝에 _____

고압전력선 건설이 _____

경상남도 농촌 마을에 _____

그러나 그 이래로 하나도 바뀐 것이 없다 _____

주민들, 환경보호단체들, 반핵운동권자들이 _____

격렬한 시위를 벌임으로써 _____

이 건설장소를 다시 파괴시키기 위한 _____

한국전력은 _____

지연되는 것을 더 이상 인내할 수 없는 환경이다 _____

765킬로볼트 송전선 건설에 _____

울산에 현재 건설 중인 원자력발전소를 연결하는 _____

창녕에 있는 하부발전소로 _____

한국전력은 송전선 작업을 서둘러야 할 것이다 _____

만약 벗어나기를 원한다면 _____

내년 여름 단전의 망령에서 _____

Editorial 10

Clashes over power line
njunction needed against those disrupting work

The nuclear power plant under construction,
whose dedication is scheduled for next March,
is set to produce 1.4 million kilowatts of power
when it goes into full operation.
This should be of great help
to the government-owned utility company,
whose power reserves plunged to dangerous levels
again this summer.

The government has done
its share of work to persuade residents
to stop their violent opposition to the construction.
In addition to KEPCO's compensation,
including relocation subsidies,
the government has promised
to help invigorate the local economy.

During his visit to the county of Miryang last month,
Prime Minister Chung Hong-won appealed
to the residents to settle their dispute with KEPCO
and let construction proceed.
Among the incentives he offered was a promise
that the county would host a national complex
for the nanotechnology industry.

해석 송전선 충돌
직장을 파괴하는 자들에 대해서는 법정 금지 명령이 필요하다

현재 건설 중인 그 원전은
내년 3월 **개관** 예정인   **dedication** 개관, 개소
140만 킬로와트의 전력을 생산할 수 있을 것이다
전면 가동될 때
이것이 큰 도움이 될 것이다
정부가 소유한 공공 회사에게는
전력 보유량이 위험스런 수준으로 **떨어진**   **plunge** 감소하다, 급락하다
이번 여름에 또 다시

정부는 모든 일을 다했다
마을 사람들을 설득시키는 나름대로의
이 건설에 격렬한 반대를 중단시키기 위하여
한국전력의 **보상금** 이외에도   **compensation** 보상
이전 **보조금**을 포함한   **subsidy** 보조금
정부는 약속했다
이 지역 경제를 **활성화**시키도록 도울 것을   **invigorate** ~을 고무하다, 기운을 돋우다

지난달 밀양군을 방문하는 동안
정홍원 총리는 호소했다
그곳 주민에게 한국전력과의 **분규**를 해결할 것을   **dispute** 논쟁, 쟁의
그리고 건설을 추진할 수 있도록
그가 내놓은 혜택 가운데는 약속이 들어있다
밀양군이 전국적인 공단을 유치할 수 있도록 하겠다는
첨단 기술 산업을 위한

EDITORIAL

The nuclear power plant under construction, whose dedication is scheduled for next March, is set to produce 1.4 million kilowatts of power when it goes into full operation. This should be of great help to the government-owned utility company, whose power reserves plunged to dangerous levels again this summer.

The government has done its share of work to persuade residents to stop their violent opposition to the construction. In addition to KEPCO's compensation, including relocation subsidies, the government has promised to help invigorate the local economy.

During his visit to the county of Miryang last month, Prime Minister Chung Hong-won appealed to the residents to settle their dispute with KEPCO and let construction proceed. Among the incentives he offered was a promise that the county would host a national complex for the nanotechnology industry.

내년 3월 완공 예정으로 현재 건설 중인 그 원전은 전면 가동될 때 140만 킬로와트의 전력을 생산할 수 있을 것이다. 전력 보유량이 이번 여름에 또 다시 위험스런 수준으로 떨어진 정부가 소유한 공공 회사에게는 이것이 큰 도움이 될 것이다.

정부는 이 건설에 대한 격렬한 반대를 중단시키기 위하여 마을 사람들을 설득시킬 수 있는 나름대로의 모든 일을 다했다. 이전 보조금을 포함한 한국전력의 보상금 이외에도 정부는 이 지역 경제를 활성화시키도록 도울 것을 약속했다.

지난달 밀양 군을 방문하는 동안 정홍원 총리는 그곳 주민에게 한국전력과의 분규를 해결할 것을 호소했고 그리고 건설을 추진할 수 있도록 해 달라고 호소했다. 그가 내놓은 혜택 가운데는 밀양군이 첨단 기술 산업을 위한 전국적인 공단을 유치할 수 있도록 하겠다는 약속이 들어있다.

송전선 충돌
직장을 파괴하는 자들에 대해서는 법정 금지 명령이 필요하다

현재 건설 중인 그 원전은 _____
내년 3월 완공 예정인 _____
140만 킬로와트의 전력을 생산할 수 있을 것이다 _____
전면 가동될 때 _____
이것이 큰 도움이 될 것이다 _____
정부가 소유한 공공 회사에게는 _____
전력 보유량이 위험스런 수준으로 떨어진 _____
이번 여름에 또 다시 _____

정부는 모든 일을 다했다 _____
마을 사람들을 설득시키는 나름대로의 _____
이 건설에 대한 격렬한 반대를 중단시키기 위하여 _____
한국전력의 보상금 이외에도 _____
이전 보조금을 포함한 _____
정부는 약속했다 _____
이 지역 경제를 활성화시키도록 도울 것을 _____

지난달 밀양군을 방문하는 동안 _____
정홍원 총리는 호소했다 _____
그곳 주민에게 한국전력과의 분규를 해결할 것을 _____
그리고 건설을 추진할 수 있도록 _____
그가 내놓은 혜택 가운데는 약속이 들어있다 _____
밀양군이 전국적인 공단을 유치할 수 있도록 하겠다는 _____
첨단 기술 산업을 위한 _____

Editorial 10 | Clashes over power line
njunction needed against those disrupting work

The prime minister's appeal, however,
proved to have fallen on deaf ears
when diehard opponents
staged violent demonstrations
as soon as construction resumed.
Environmental and antinuclear activists
joined local residents
in their clash with KEPCO officials and policemen.
Some of the protesters were arrested
when they forcibly entered construction sites.

해석 송전선 충돌
직장을 파괴하는 자들에 대해서는 법정 금지 명령이 필요하다

하지만 총리의 호소도
마이동풍 격이 되었다   **deaf ear** 가끔의 귀볼, 못들은 체하다
고집 센 반대자들이   **diehard** 완강한 저항
격렬한 시위를 했을 때
건설이 재개되자마자
환경, 반핵운동가들은
지역 주민에 합세했다
한국전력 직원과 경찰들과 충돌을 벌인
시위자 중 일부는 구속되었다
그들이 **폭력적**으로 건설현장에 난입했을 때   **forcibly** 힘으로, 강제적으로

EDITORIAL

The prime minister's appeal, however, proved to have fallen on deaf ears when diehard opponents staged violent demonstrations as soon as construction resumed. Environmental and antinuclear activists joined local residents in their clash with KEPCO officials and policemen. Some of the protesters were arrested when they forcibly entered construction sites.

하지만 총리의 호소도 건설이 재개되자마자 고집 센 반대자들이 격렬한 시위를 했을 때 그들 귀에는 마이동풍 격이 되었다. 환경, 반핵운동가들은 한국전력 직원 및 경찰들과 충돌을 벌이는 지역 주민에 합세했다. 시위자 중 일부는 그들이 폭력적으로 건설현장에 난입했을 때 구속되었다.

주요구문

proved to have fallen on deaf ears 마이동풍 격이 되다
demand that power (should) be transmitted underground 전력이 지하로 송전돼야 한다고 주장하다 citing =and local protesters cited ~ 가 생략되면서 cited가 현재분사 citing로 바뀌었다. (동시성분사구문)

송전선 충돌
직장을 파괴하는 자들에 대해서는 법정 금지 명령이 필요하다

하지만 총리의 호소도 _____
마이동풍 격이 되었다 _____
고집 센 반대자들이 _____
격렬한 시위를 했을 때 _____
건설이 재개되자마자 _____
환경, 반핵운동가들은 _____
지역 주민에 합세했다 _____
한국전력 직원과 경찰들과 충돌을 벌인 _____
시위자 중 일부는 구속되었다 _____
그들이 폭력적으로 건설현장에 난입했을 때 _____

Editorial 10

Clashes over power line
Injunction needed against those disrupting work

KEPCO and the government
cannot afford to offer any more concessions
to local protesters,
who demand that power be transmitted underground,
citing health hazards from overhead cables.
But an underground power line
is not a viable option,
with its construction cost estimated
at as much as 2 trillion won.
Nor would it be justifiable
if KEPCO offered greater compensation
for Miryang residents
than it had done for those in other counties,
where transmission towers had already been built
with their consent.

해석 송전선 충돌
직장을 파괴하는 자들에 대해서는 법정 금지 명령이 필요하다

한국전력과 정부는

어떠한 양보도 할 수가 없다

지역 주민들에게

그들은 지하로 지나가는 전력을 요구하는

머리 위로 지나가는 전선 때문에 건강에 위험이 있다고 주장하며

그러나 지하로 전선을 연결한다는 것은

현실적으로 **가능한** 선택이 아니다   **viable** 실행 가능한

이렇게 하는데 건설비가 추산되기 때문이다

2조 원 정도가

이것은 합당한 일이 되지 못할 것이다

만약 한국전력이 더 큰 보상을 준다면

밀양 주민들에게

한국전력이 다른 군에 있는 사람들을 위해서 해준 것보다

송전탑이 이미 건설된

주민들의 **동의**를 받아서   **consent** 동의하다, 승낙하다

EDITORIAL

KEPCO and the government cannot afford to offer any more concessions to local protesters, who demand that power be transmitted underground, citing health hazards from overhead cables. But an underground power line is not a viable option, with its construction cost estimated at as much as 2 trillion won. Nor would it be justifiable if KEPCO offered greater compensation for Miryang residents than it had done for those in other counties, where transmission towers had already been built with their consent.

한국전력과 정부는 머리 위로 지나가는 전선이 건강에 위험이 있다고 주장하면서 전선이 지하로 지나갈 것을 요구하는 지역 주민들에 어떠한 양보도 내 놓을 수가 없다. 그러나 지하로 전선을 연결한다는 것은 현실적으로 가능한 선택이 아니다. 이렇게 하는데 건설비가 2조 원 정도가 추산되기 때문이다. 만약 한국전력이 주민들의 동의를 받아서 이미 건설된 다른 군에 있는 사람들의 송전탑에 대해 해준 것보다 밀양 주민들에게 더 큰 보상을 준다면 이것은 합당한 일이 되지 못할 것으로 본다.

주요 구문

proved to have fallen on deaf ears 마이동풍 격이 되다
demand that power (should) be transmitted underground 전력이 지하로 송전돼야 한다고 주장하다 citing =and local protesters cited ~ "and local protesters"가 생략되면서 cited가 현재분사 citing로 바뀌었다. (동시성분사구문)

송전선 충돌
직장을 파괴하는 자들에 대해서는 법정 금지 명령이 필요하다

한국전력과 정부는 _____

어떠한 양보도 할 수가 없다 _____

지역 주민들에게 _____

그들은 지하로 지나가는 전력을 요구하는 _____

머리 위로 지나가는 전선 때문에 건강에 위험이 있다고 주장하며 _____

그러나 지하로 전선을 연결한다는 것은 _____

현실적으로 가능한 선택이 아니다 _____

이렇게 하는데 건설비가 추산되기 때문이다 _____

2조 원 정도가 _____

이것은 합당한 일이 되지 못할 것이다 _____

만약 한국전력이 더 큰 보상을 준다면 _____

밀양 주민들에게 _____

한국전력이 다른 군에 있는 사람들을 위해서 해준 것보다 _____

송전탑이 이미 건설된 _____

주민들의 동의를 받아서 _____

Editorial 10 | **Clashes over power line**
Injunction needed against those disrupting work

But enforcing construction with police protection alone has its limits,
as evidenced by past delays.
A more efficient means
can be found in the intervention of the court,
with which KEPCO filed an injunction
against those obstructing construction in August.

A local court on Jejudo Island set an example
when it issued an injunction
against protesters obstructing
the construction of a naval base in 2011.
Construction proceeded smoothly
after the court decided to impose a fine of 2 million won
each time any of them breached the injunction.

It seems inevitable
that the local court in Changwon will intervene,
given that no more delay can be tolerated
on the construction of the transmission line.
The court is called on to hasten its decision
on KEPCO's request for an injunction.

해석 송전선 충돌
직장을 파괴하는 자들에 대해서는 법정 금지 명령이 필요하다

그러나 경찰 보호 하나만 가지고 건설을 강요한다는 것은
한계가 있다
그것은 과거의 지연 사태에서도 입증되었기 때문에
더 효과적인 방법은
법원의 **개입**에서 찾아볼 수 있다   **intervention** 중재, 간섭, 개입
한국전력은 법원 금지 명령을 신청했기 때문이다   **injunction** 중지 명령
8월에 건설을 방해하는 사람들을 상대로

제주도의 한 지방법원이 전례를 세웠다
법원이 금지 명령을 내렸을 때
방해하는 시위자들에 대한   **obstruct** 방해하다, 가로막다, 침해하다
2011년에 해군기지 건설을
건설은 순조롭게 진행되었다
법원이 2백만 원씩 부과하기로 결정한 후에
그들 중 누구도 이 법원 금지를 **위반**할 때마다   **breach** 위반

이것은 **피할 수 없는** 일같이 보인다   **inevitable** 피할 수 없는, 불가피한
창원 지방법원이 개입할 것이
더 이상 지연되는 것을 **허용**될 수 없다는 이유로   **tolerate** 받아들이다
송전선 건설에
창원 지방법원은 이 결정을 **서두를** 것을 촉구받았다   **hasten** 서두르다
한국전력이 법정 금지 명령을 신청한 것에 대한

EDITORIAL

But enforcing construction with police protection alone has its limits, as evidenced by past delays. A more efficient means can be found in the intervention of the court, with which KEPCO filed an injunction against those obstructing construction in August.

A local court on Jejudo Island set an example when it issued an injunction against protesters obstructing the construction of a naval base in 2011. Construction proceeded smoothly after the court decided to impose a fine of 2 million won each time any of them breached the injunction.

It seems inevitable that the local court in Changwon will intervene, given that no more delay can be tolerated on the construction of the transmission line. The court is called on to hasten its decision on KEPCO's request for an injunction.

그러나 경찰 보호 하나만 가지고 건설을 강요한다는 것은 한계가 있다. 그것은 과거의 지연 사태에서도 입증된 바가 있다. 더 효과적인 방법은 법원의 개입에서 찾아볼 수 있다. 왜냐하면 한국전력은 이미 8월에 건설을 방해하는 사람들에 대한 법원 금지 명령을 신청했기 때문이다.

제주도의 한 지방법원이 2011년에 해군기지 건설을 방해하는 시위자들에 대한 법원 금지 명령을 내렸을 때 전례를 세웠다. 법원이 그들 중 누구도 이 법원 금지를 위반할 때마다 2백만 원씩 부과하기로 결정한 후에 건설은 순조롭게 진행되었다.

창원 지방법원이 송전선 건설에 더 이상 지연되는 것을 허용될 수 없다는 이유로 개입하는 것은 피할 수 없는 일같이 보인다. (우리는) 한국전력이 법정 금지 명령을 신청한 것에 대해서 법원이 결정을 서두를 것을 촉구한다.

송전선 충돌
직장을 파괴하는 자들에 대해서는 법정 금지 명령이 필요하다

그러나 경찰 보호 하나만 가지고 건설을 강요한다는 것은 _____
한계가 있다 _____
그것은 과거의 지연 사태에서도 입증되었기 때문에 _____
더 효과적인 방법은 _____
법원의 개입에서 찾아볼 수 있다 _____
한국전력은 법원 금지 명령을 신청했기 때문이다 _____
8월에 건설을 방해하는 사람들을 상대로 _____

제주도의 한 지방법원이 전례를 세웠다 _____
법원이 금지 명령을 내렸을 때 _____
방해하는 시위자들에 대한 _____
2011년에 해군기지 건설을 _____
건설은 순조롭게 진행되었다 _____
법원이 2백만 원씩 부과하기로 결정한 후에 _____
그들 중 누구도 이 법원 금지를 위반할 때마다 _____

이것은 피할 수 없는 일같이 보인다 _____
창원 지방법원이 개입할 것이 _____
더 이상 지연되는 것을 허용될 수 없다는 이유로 _____
송전선 건설에 _____
창원 지방법원은 이 결정을 서두를 것을 촉구받았다 _____
한국전력이 법정 금지 명령을 신청한 것에 대한 _____

The Korea Herald

Editorial

11

Japanese boots in Korea?

Seoul must assert sovereignty to avoid nightmare

Editorial 11

Japanese boots in Korea?
Seoul must assert sovereignty to avoid nightmare

The last thing
many Koreans want to see
is Japanese soldiers
setting foot on this soil again.
They shudder
at the mere thought of Japanese boots here
as it brings back memories
of Japan's ruthless colonial rule.

To their dismay, however,
the specter of Japanese troops being deployed here
has loomed,
as Tokyo is seeking,
with the full backing of the United States,
to lift a self-imposed ban
on collective self-defense.

해석 | 일본군이 한국에 진군한다?
한국 정부는 악몽을 피하기 위하여 주권을 주장해야 한다

마지막 것은   **last thing** 최후에
많은 한국 사람들이 보고 싶지 않은
일본 군인들이
또다시 이 땅에 발을 디디는 것이다
그들은 **떨린다**   **shudder** 몸서리치다, 떨다
이곳에서 단지 일본 군인들의 군화 생각만 해도
이것은 기억을 되살리기 때문이다
일본의 **무자비했던** 식민 통치의   **ruthless** 무자비한, 냉혹한, 잔인한

하지만 한국 사람들에게 몹시 **실망**스럽게   **dismay** 실망, 당황, 유감
이곳 한국에 일본 군인들이 다시 배치된다는 **악령**이   **specter** 유령, 귀신, 불안
또 다시 **나타났다**   **loom** 어렴풋이 보이기 시작하다
일본 정부가 추구하기 때문에
미국의 완전한 도움을 받아서
스스로 부과한 금지사항을 해지하려고
집단적인 자위에

EDITORIAL

The last thing many Koreans want to see is Japanese soldiers setting foot on this soil again. They shudder at the mere thought of Japanese boots here as it brings back memories of Japan's ruthless colonial rule.

To their dismay, however, the specter of Japanese troops being deployed here has loomed, as Tokyo is seeking, with the full backing of the United States, to lift a self-imposed ban on collective self-defense.

많은 한국 사람들이 보고 싶지 않은 것은 일본 군인들이 또다시 이 땅에 발을 디디는 것이다. 단순히 일본 군인들의 군화 생각만 해도 그들은 떨린다. 이것은 일본의 무자비했던 식민 통치의 기억을 되살리기 때문이다.

하지만 한국 사람들에게 몹시 실망스러울 정도로 이곳 한국에 일본 군인들이 다시 배치된다는 악령이 또 다시 나타났다. 일본 정부가 미국의 완전한 도움을 받아서 집단적인 자위에 스스로 부과한 금지사항을 해지하려고 하기 때문이다.

The last thing (which) many Koreans want to see	한국 사람들이 결코 보고 싶지 않은 것
shudder at the mere thought of Japanese boots	생각만 해도 몸이 떨린다
the specter of Japanese troops being deployed here	일본군이 이곳에 주둔한다는 두려움 (망령)

일본군이 한국에 진군한다?
한국 정부는 악몽을 피하기 위하여 주권을 주장해야 한다

마지막 것은 _____
많은 한국 사람들이 보고 싶지 않은 _____
일본 군인들이 _____
또다시 이 땅에 발을 디디는 것이다 _____
그들은 떨린다 _____
이곳에서 단지 일본 군인들의 군화 생각만 해도 _____
이것은 기억을 되살리기 때문이다 _____
일본의 무자비했던 식민 통치의 _____

하지만 한국 사람들에게 몹시 실망스러울 정도로 _____
이곳 한국에 일본 군인들이 다시 배치된다는 악령이 _____
또 다시 나타났다 _____
일본 정부가 추구하기 때문에 _____
미국의 완전한 도움을 받아서 _____
스스로 부과한 금지사항을 해지하려고 _____
집단적인 자위에 _____

Editorial 11

Japanese boots in Korea?
Seoul must assert sovereignty to avoid nightmare

The United Nations Charter declares
that each member country
has the inherent right of collective
or individual self-defense.
A country
exercises the right of collective self-defense
when its ally is under attack.
Even if it is not directly attacked,
it can use military force to defend the ally.

Suppose an armed conflict occurred
between the two Koreas.
The concept of collective self-defense
calls for Japan to send troops
to support U.S. forces stationed here,
given that Tokyo is Washington's staunch ally.

해석 일본군이 한국에 진군한다?
한국 정부는 악몽을 피하기 위하여 주권을 주장해야 한다

유엔 헌장은 선언하고 있다 　　　　　　　　　　　The United Nations Charter 유엔 헌장
모든 회원국가들은
본래의 집단적 권리를 가진다고 　　　　　　　　　　　　　　inherent 타고난, 고유의
또는 개별적 자위권에 대한
한 국가는
집단적 자위권을 행사한다
그 국가의 동맹국이 공격받을 때
심지어 그 국가가 직접적으로 공격받지 않는다 하더라도
그 국가는 동맹국을 보호하기 위하여 군사력을 사용할 수 있다

무력 **충돌**이 발생한다고 상상해 보라 　　　　　　　　　　　conflict 싸움, 충돌
남북한 사이에
집단 자위권 개념은
일본이 군대를 파견하도록 촉구한다
한국에 주둔하고 있는 미군들을 지원하기 위하여
그 이유는 일본정부가 워싱턴의 **강력한** 우방이기 때문이다 　　　staunch 든든한

EDITORIAL

The United Nations Charter declares that each member country has the inherent right of collective or individual self-defense. A country exercises the right of collective self-defense when its ally is under attack. Even if it is not directly attacked, it can use military force to defend the ally.

Suppose an armed conflict occurred between the two Koreas. The concept of collective self-defense calls for Japan to send troops to support U.S. forces stationed here, given that Tokyo is Washington's staunch ally.

유엔 헌장에서는 모든 회원 국가들은 집단적 또는 개별적 자위권에 대한 본래의 권리를 가진다고 선언하고 있다. 한 국가는 그 국가의 동맹국이 공격받을 때 집단적 자위권을 행사한다. 그 국가가 직접적으로 공격받지 않는다 하더라도 그 국가는 동맹국을 보호하기 위하여 군사력을 사용할 수 있다.

남북한 사이에 무력 충돌이 발생한다고 상상해 보자. 집단 자위권 개념은 일본이 한국에 주둔하고 있는 미군들을 지원하기 위하여 군대를 파견하도록 촉구한다. 그 이유는 일본정부가 워싱턴의 강력한 우방이기 때문이다.

주요구문

has the inherent right of collective or individual self-defense   집단적이나 개인 방위의 본래의 권리를 가진다

calls for Japan to send its troops to support U.S. forces stationed here   for ~ to 용법

 **영작 연습**

일본군이 한국에 진군한다?
한국 정부는 악몽을 피하기 위하여 주권을 주장해야 한다

유엔 헌장은 선언하고 있다 _____

모든 회원국가들은 _____

본래의 집단적 권리를 가진다고 _____

또는 개별적 자위권에 대한 _____

한 국가는 _____

집단적 자위권을 행사한다 _____

그 국가의 동맹국이 공격받을 때 _____

심지어 그 국가가 직접적으로 공격받지 않는다 하더라도 _____

그 국가는 동맹국을 보호하기 위하여 군사력을 사용할 수 있다 _____

무력 충돌이 발생한다고 상상해 보라 _____

남북한 사이에 _____

집단 자위권 개념은 _____

일본이 군대를 파견하도록 촉구한다 _____

한국에 주둔하고 있는 미군들을 지원하기 위하여 _____

그 이유는 일본정부가 워싱턴의 강력한 우방이기 때문이다 _____

Editorial 11 — Japanese boots in Korea?
Seoul must assert sovereignty to avoid nightmare

Thus far, however, the Tokyo government has denied itself the right of collective self-defense under its war-renouncing constitution. While the constitution prescribes a "defense-only defense" posture, the collective self-defense concept could force Japan to engage in offensive military operations overseas.

Yet the incumbent Abe administration is pushing hard to throw away the self-imposed restraint. And Washington is supportive of Tokyo's controversial move. Recently, the two allies agreed to upgrade their defense cooperation guidelines to help Tokyo reclaim its right and beef up its military.

해석 일본군이 한국에 진군한다?
한국 정부는 악몽을 피하기 위하여 주권을 주장해야 한다

하지만 지금까지
일본 정부는
집단 자위권 자체를 거부해 왔다
전쟁을 **부인하는** 헌법에 따라서　　　　　　　renounce 포기하다, ~을 부인하다, 단념하다
한편 일본의 헌법은
방위 자체만을 위한 방위라는 자세를 **기술하고** 있지만　　　　prescribe 규정하다
집단 자위권 개념은
일본으로 하여금 할 수 있게끔 만들 수도 있다
해외에서 공격을 위한 군사작전을

하지만 **현** 아베 내각은　　　　　　　　incumbent 현직의, 임무로서 지워지는, 책무인
추진하고 있다
스스로 부과시킨 전쟁 **규제**를 버리기 위하여　　　restraint 규제, 규제
그리고 미국은
논란이 되고 있는 일본의 이 움직임을 지지하고 있다
최근 두 동맹국은
그들의 방위협력지침서를 새롭게 하는데 도움이 되도록 합의했다
일본의 권리를 재요구하고 그리고 일본 군사력을 **강화**하도록　　　beef up

EDITORIAL

Thus far, however, the Tokyo government has denied itself the right of collective self-defense under its war-renouncing constitution. While the constitution prescribes a "defense-only defense" posture, the collective self-defense concept could force Japan to engage in offensive military operations overseas.

Yet the incumbent Abe administration is pushing hard to throw away the self-imposed restraint. And Washington is supportive of Tokyo's controversial move. Recently, the two allies agreed to upgrade their defense cooperation guidelines to help Tokyo reclaim its right and beef up its military.

하지만 지금까지 일본 정부는 전쟁을 부인하는 헌법에 의하여 집단 자위권 자체를 거부해 왔다. 일본의 헌법은 방위 자체만을 위한 방위라는 자세를 기술하고 있지만 집단 자위권 개념은 일본으로 하여금 해외에서 공격을 위한 군사작전을 할 수 있게끔 만들 수도 있다.

하지만 현 아베 내각은 스스로 부과시킨 전쟁 규제를 버리기 위한 정책을 추진하고 있다. 그리고 미국은 논란이 되고 있는 일본의 움직임을 지지하고 있다. 최근 두 동맹국은 일본의 권리를 다시 요구하고 일본 군사력을 강화하도록 돕기 위한 그들의 방위협력지침서를 한 단계 끌어올리는데 합의했다.

영작 연습

일본군이 한국에 진군한다?
한국 정부는 악몽을 피하기 위하여 주권을 주장해야 한다

하지만 지금까지 _____

일본 정부는 _____

집단 자위권 자체를 거부해 왔다 _____

전쟁을 부인하는 헌법에 따라서 _____

한편 일본의 헌법은 _____

방위 자체만을 위한 방위라는 자세를 기술하고 있지만 _____

집단 자위권 개념은 _____

일본으로 하여금 할 수 있게끔 만들 수도 있다 _____

해외에서 공격을 위한 군사작전을 _____

하지만 현 아베 내각은 _____

추진하고 있다 _____

스스로 부과시킨 전쟁 규제를 버리기 위하여 _____

그리고 미국은 _____

논란이 되고 있는 일본의 움직임을 지지하고 있다 _____

최근 두 동맹국은 _____

그들의 방위협력지침서를 새롭게 하는데 도움이 되도록 합의했다 _____

일본의 권리를 재요구하고 그리고 일본 군사력을 강화하도록 _____

Japanese boots in Korea?
Seoul must assert sovereignty to avoid nightmare

The agreement
is cause for deep concern here
as it encourages Japan
to accelerate its military buildup.
To its neighbors, a militarily powerful Japan
is a serious security threat
as Tokyo has failed to convince them
that it has completely departed
from its militarist past.

For one thing, Japan
is engaged in territorial disputes with its neighbors,
which suggests
it has not abandoned territorial ambitions.
What's more, it has never sought forgiveness
from its colonial victims based on true repentance
for the atrocities it committed.

해석 | 일본군이 한국에 진군한다?
한국 정부는 악몽을 피하기 위하여 주권을 주장해야 한다

이 협정은
이곳 한국에 깊은 우려를 주고 있는 원인이다
일본으로 하여금 장려하고 있기 때문에
일본의 군사력 증강을 서두르도록
이웃 나라들에게
군사적으로 강력해진 일본은
심각한 안보 위협이 되고 있다
일본이 이웃 나라들을 **설득하지** 못했기 때문에   **convince** 설득하다, 납득시키다, 확신시키다
완전히 결별했다는
군사주의였던 과거와   **militarist** 군국주의자, 군사주의

첫째로 일본은
이웃 나라들과 영토 분쟁에 뛰어들었고
이는 시사한다
일본이 영토에 대한 야심을 **버리지** 않았다는 것을   **abandon** 파렴치한, 제멋대로의, 버림받은
더욱이 일본은 한 번도 용서를 구한 적이 없다   **repentance** 후회, 양심의 가책, 참회
진정한 회개를 바탕으로 하여 일본의 과거 식민지 피해자들에게
자신들이 저지른 **만행**들에 대해서   **atrocity** 잔학 행위, 큰 실수, 극악 무도

EDITORIAL

The agreement is cause for deep concern here as it encourages Japan to accelerate its military buildup. To its neighbors, a militarily powerful Japan is a serious security threat as Tokyo has failed to convince them that it has completely departed from its militarist past.

For one thing, Japan is engaged in territorial disputes with its neighbors, which suggests it has not abandoned territorial ambitions. What's more, it has never sought forgiveness from its colonial victims based on true repentance for the atrocities it committed.

이 협정은 일본으로 하여금 일본의 군사력 증강을 서두르도록 장려하고 있기 때문에 이 협정은 이곳 한국에 깊은 우려를 주고 있는 원인이다. 이웃 나라들한테 일본이 완전히 군사주의였던 과거와 결별했다고 설득하지 못했기 때문에 군사적으로 강력해진 일본은 심각한 안보 위협이 되고 있다.

첫째로 일본은 이웃 나라들과 영토 분쟁에 뛰어들었고 이는 일본이 영토에 대한 야심을 버리지 않았다는 것을 시사한다. 더욱이 일본은 자신들이 저지른 만행들에 대해서 진정한 회개를 바탕으로 하여 일본의 과거 식민지 피해자들에게 한 번도 용서를 구한 적이 없다.

it (일본) has completely departed from (벗어나다) its militarist past

일본군이 한국에 진군한다?
한국 정부는 악몽을 피하기 위하여 주권을 주장해야 한다

이 협정은 _____

이곳 한국에 깊은 우려를 주고 있는 원인이다 _____

일본으로 하여금 장려하고 있기 때문에 _____

일본의 군사력 증강을 서두르도록 _____

이웃 나라들에게 _____

군사적으로 강력해진 일본은 _____

심각한 안보 위협이 되고 있다 _____

일본이 이웃 나라들을 설득하지 못했기 때문에 _____

완전히 결별했다는 _____

군사주의였던 과거와 _____

첫째로 일본은 _____

이웃 나라들과 영토 분쟁에 뛰어들었고 _____

이는 시사한다 _____

일본이 영토에 대한 야심을 버리지 않았다는 것을 _____

더욱이 일본은 한 번도 용서를 구한 적이 없다 _____

진정한 회개를 바탕으로 하여 일본의 과거 식민지 피해자들에게 _____

자신들이 저지른 만행들에 대해서 _____

Editorial 11 — Japanese boots in Korea?
Seoul must assert sovereignty to avoid nightmare

Despite such concerns,
the Seoul government has decided not
to oppose Japan's push for collective self-defense.
The decision is practical.
After all,
Japan is pursuing a right
that every U.N. member country is entitled to.
Furthermore, Seoul
has few effective ways to stop Japan,
especially as it is backed
by the U.S. and other Western countries,
including the United Kingdom and Australia.

Yet this does not mean
that Seoul should unconditionally allow
Tokyo to send troops here,
in the event of an armed conflict,
to support U.S. forces.
Doing so would be to give up
Korea's sovereign control over its territory.
So the Seoul government has made it clear
that Japan should obtain Seoul's prior approval
even if an emergency
on the Korean Peninsula justifies its exercise
of the right of collective self-defense.

해석 일본군이 한국에 진군한다?
한국 정부는 악몽을 피하기 위하여 주권을 주장해야 한다

그와 같은 우려에도 불구하고
한국 정부는 하지 않기로 결정했다
일본의 집단 자위권에 대한 움직임에 반대를
이 결정은 현실적이다
무엇보다도 일본은 권리를 추구하고 있는 것이다
모든 유엔 회원국가들이 다 갖출 수 있는
더욱이 한국 정부는
일본을 막을 효율적인 방법은 별로 없다
특히 한국은 지원받고 있기 때문이다
미국에 의해서 그리고 다른 서방국가들에 의해서
영국과 호주를 포함한

하지만 이것은 의미하지 않는다.
한국이 **무조건적으로** 허용해야 한다는 **unconditionally** 무조건적으로
일본이 이곳에 군대 파견을
무력충돌이 있을 시에
미군을 지원하기 위해서
그렇게 한다는 것은 포기하는 일이 될 것이다
한국의 영토에 대한 한국 **주권** 통제를 **sovereign** 주권, 독립의, 최고의
그래서 한국 정부는 분명히 밝혔다 **prior** 사전, 이전의, 앞서
일본은 한국 정부의 **사전** 승인을 **받아야** 되고 **obtain** 얻다, 획득하다
한반도의 비상사태가 발생하더라도
그리고 집단 자위권 행사를 정당화해야 한다는 것을

EDITORIAL

Despite such concerns, the Seoul government has decided not to oppose Japan's push for collective self-defense. The decision is practical. After all, Japan is pursuing a right that every U.N. member country is entitled to. Furthermore, Seoul has few effective ways to stop Japan, especially as it is backed by the U.S. and other Western countries, including the United Kingdom and Australia.

Yet this does not mean that Seoul should unconditionally allow Tokyo to send troops here, in the event of an armed conflict, to support U.S. forces. Doing so would be to give up Korea's sovereign control over its territory.
So the Seoul government has made it clear that Japan should obtain Seoul's prior approval even if an emergency on the Korean Peninsula justifies its exercise of the right of collective self-defense.

그와 같은 우려에도 불구하고 한국 정부는 일본의 집단 자위권에 대한 움직임에 반대하지 않기로 결정했다. 이 결정은 현실적이다. 무엇보다도 일본은 모든 유엔 회원국들이 다 가질 수 있는 권리를 추구하고 있다. 더욱이 한국은 영국과 호주를 포함하여 미국과 다른 서방국가들의 지원을 받고 있기 때문이다.

하지만 이것은 무력충돌이 있을 때 일본이 미군을 지원하기 위해서 군대를 파견하는 것을 한국이 무조건적으로 허용해야 한다는 것은 아니다. 그렇게 하는 것은 한국의 영토에 대한 한국 주권 통제를 포기하는 일이 될 것이다.
그래서 한국 정부는 한반도에 비상사태가 발생하더라도 일본은 한국 정부의 사전 승인을 받아 자위권 행사를 정당화해야 한다고 분명히 밝혔다.

made it (가목적어) clear that (목적절)   ~을 분명히 밝히다, 반드시 that절을 동반한다.

영작 연습

일본군이 한국에 진군한다?
한국 정부는 악몽을 피하기 위하여 주권을 주장해야 한다

그와 같은 우려에도 불구하고 _____
한국 정부는 하지 않기로 결정했다 _____
일본의 집단 자위권에 대한 움직임에 반대를 _____
이 결정은 현실적이다 _____
무엇보다도 일본은 권리를 추구하고 있는 것이다 _____
모든 유엔 회원국가들이 다 갖출 수 있는 _____
더욱이 한국 정부는 _____
일본을 막을 효율적인 방법은 별로 없다 _____
특히 한국은 지원받고 있기 때문이다 _____
미국에 의해서 그리고 다른 서방국가들에 의해서 _____
영국과 호주를 포함한 _____

하지만 이것은 의미하지 않는다 _____
한국이 무조건적으로 허용해야 한다는 _____
일본이 이곳에 군대 파견을 _____
무력충돌이 있을 시에 _____
미군을 지원하기 위해서 _____
그렇게 한다는 것은 포기하는 일이 될 것이다 _____
한국의 영토에 대한 한국 주권 통제를 _____
그래서 한국 정부는 분명히 밝혔다 _____
일본은 한국 정부의 사전 승인을 받아야 되고 _____
한반도의 비상사태가 발생하더라도 _____
그리고 집단 자위권 행사를 정당화해야 한다는 것을 _____

Editorial 11

Japanese boots in Korea?
Seoul must assert sovereignty to avoid nightmare

A high-ranking Seoul official visiting Washington
has conveyed this position to U.S. officials,
urging them to reflect it
when they rewrite
the U.S.-Japan defense cooperation guidelines.

It is only just
that Korea asserts its sovereignty.
Washington should respect its stance.
It also needs to realize
that helping Japan build up its military
is no way to enhance security in this region.
It would merely trigger
an unnecessary regional arms race.

Japan also needs to understand
that increasing military spending
could be a slippery slope to ruin.
No country can prosper
without winning trust and respect
from its neighbors.

해석 | 일본군이 한국에 진군한다?
한국 정부는 악몽을 피하기 위하여 주권을 주장해야 한다

워싱턴을 방문 중인 한 정부 고위 관리는	
이와 같은 입장을 미 관리들에게 **전달**했다	**convey** 전하다, 나타내다
그리고 그들에게 이 점을 고려해 줄 것을 **촉구**했다	**urge** 촉구하다
그들이 다시 쓸 때	
미일방위지침서를	
이것은 단지 불과하다	
한국이 한국 주권을 **강조한다**는 정도에	**assert** 주장하다, 단언하다
워싱턴은 한국 정부의 주장을 존중해야 할 것이다	
미국은 역시 인식할 필요가 있다	
일본의 군사 증강을 돕는 일은	
아시아 지역의 안보를 **강화시키는** 방법이 아니라는 점을	**enhance** 강화시키다
이것은 단지 **촉발시키는** 일에 불과할 것이다	**trigger** 유발하다
불필요한 지역 무력 경쟁을	
일본은 역시 알아야 할 것이다	
군비 증강은	**ruin** 망치다, 파멸, 폐허
파멸로 가는 미끄러운 경사가 될 수도 있다는 것을	**slippery** 미끄러운, 미끈거리는
어떤 나라도 **번영할** 수 없다	**prosper** 번영하다, 발전하다, 성공하다
신뢰와 존경을 얻지 않고	
이웃 나라로부터	

EDITORIAL

A high-ranking Seoul official visiting Washington has conveyed this position to U.S. officials, urging them to reflect it when they rewrite the U.S.-Japan defense cooperation guidelines.

It is only just that Korea asserts its sovereignty. Washington should respect its stance. It also needs to realize that helping Japan build up its military is no way to enhance security in this region. It would merely trigger an unnecessary regional arms race.

Japan also needs to understand that increasing military spending could be a slippery slope to ruin. No country can prosper without winning trust and respect from its neighbors.

워싱턴을 방문 중인 한 정부 고위 관리는 이와 같은 입장을 미 관리들에게 전달했다. 그리고 그들에게 그들이 미일방위지침서를 다시 쓸 때 이 점을 고려해 줄 것을 촉구했다.

이것은 단지 한국이 한국 주권을 강조한다는 정도에 불과하다. 워싱턴은 한국 정부의 주장을 존중해야 할 것이다. 미국은 역시 일본의 군사 증강을 돕는 일은 아시아 지역의 안보를 강화시킬 수 있는 점이 아니라는 점을 인식할 필요가 있다. 이것은 불필요한 지역 무력 경쟁을 촉발시키는 일에 불과할 것이다.

일본은 역시 군비 증강은 파멸로 가는 미끄러운 경사면이 될 수도 있다는 것을 알아야 할 것이다. 어떤 나라도 이웃 나라로부터 신뢰와 존경을 얻지 않고 번영할 수 없다.

A high-ranking Seoul official visiting Washington 워싱턴을 방문하고 있는 한 관리는 : visiting Washington은 앞의 Seoul official을 수식한다

영작 연습

일본군이 한국에 진군한다?
한국 정부는 악몽을 피하기 위하여 주권을 주장해야 한다

워싱턴을 방문 중인 한 고위 정부 관리는 _____
이와 같은 입장을 미 관리들에게 전달했다 _____
그리고 그들에게 이 점을 고려해 줄 것을 촉구했다 _____
그들이 다시 쓸 때 _____
미일방위지침서를 _____

이것은 단지 불과하다 _____
한국이 한국 주권을 강조한다는 정도에 _____
워싱턴은 한국 정부의 주장을 존중해야 할 것이다 _____
미국은 역시 인식할 필요가 있다 _____
일본의 군사 증강을 돕는 일은 _____
아시아 지역의 안보를 강화시키는 방법이 아니라는 점을 _____
이것은 단지 촉발시키는 일에 불과할 것이다 _____
불필요한 지역 무력 경쟁을 _____

일본은 역시 알아야 할 것이다 _____
군비 증강은 _____
파멸로 가는 미끄러운 경사가 될 수도 있다는 것을 _____
어떤 나라도 번영할 수 없다 _____
신뢰와 존경을 얻지 않고 _____
이웃 나라로부터 _____

11 | Japanese boots in Korea? **237**

The Korea Herald

Editorial

12

Surge in sea level

Korea must be more alert over climate change

12 Surge in sea level
Korea must be more alert over climate change

A landmark report released
by the U.N.'s climate panel last month,
which warned unequivocally of global warming,
appeared not to have drawn due attention here.
A separate study
on the impact of rising sea levels
on the country's coastal areas,
published
by a local environmental research institute Sunday,
should put Koreans on alert
over the challenges posed
by climate change.

In its analysis
based on the findings of the document drawn up
by the Intergovernmental Panel on Climate Change,
the Korea Environment Institute forecast
that about 3.3 percent of the country's land,
or 3,330 square kilometers,
would be inundated by the end of this century.

해석 # 바다 수면 높이 증가
한국은 기후 변화에 대해서 좀 더 경각심을 가져야 한다

한 **주목할** 만한 보도는   **landmark** 경계 표지, 획기적인 사건
지난달 유엔기후위원회에서
분명히 지구 온난화를 경고한   **unequivocally** 명확하게, 절대적으로
이곳에서는 적절한 관심을 끌어들이는 것같이 보이지는 않았다
별도의 연구는
높아져가는 바다 수면이 끼치는 영향에 관한
한국 해안지대의
발표된
일요일 현지 환경연구소에 의해
한국이 경각심을 갖게 한다
제기된 여러 가지 어려움에 대한
기후 변화에 의해서

그 분석에서
이 서류에 의거한 결과를 근거로 한
기후변화에 대한 국가 간 위원회에 의한
한국환경연구소는 전망하고 있다
이 나라에 육지의 3.3%
다시 말하면 3,330㎢가
금세기 말에는 **물에 잠길** 것이라고   **inundate** 범람시키다, ~을 침수시키다

EDITORIAL

A landmark report released by the U.N.'s climate panel last month, which warned unequivocally of global warming, appeared not to have drawn due attention here. A separate study on the impact of rising sea levels on the country's coastal areas, published by a local environmental research institute Sunday, should put Koreans on alert over the challenges posed by climate change.

In its analysis based on the findings of the document drawn up by the Intergovernmental Panel on Climate Change, the Korea Environment Institute forecast that about 3.3 percent of the country's land, or 3,330 square kilometers, would be inundated by the end of this century.

지구 온난화를 분명히 경고한 지난달 유엔기후위원회에서 발표된 한 주목할 만한 보도가 이곳에서는 적절한 관심을 끌어들이는 것같이 보이지 않았다. 일요일 현지 환경연구소에 의해 발표된 한국 해안지대의 점점 높아져 가는 바다 수면이 끼치는 영향에 관한 별도의 연구는 기후 변화에 의해서 제기된 여러 가지 어려움에 대한 경각심을 갖게끔 한다.

기후변화에 대한 국가 간 위원회에 의해서 준비된 이 서류에 의거한 분석에서 한국환경연구소는 이 나라 육지의 3.3% 또는 3,330㎢가 금세기 말에 물에 잠길 것이라고 전망하고 있다.

주요구문

should put Koreans on alert over the challenges posed by climate change 한국사람들을 기후변화에 의해서 야기된 어려움에 경각심을 갖게 해야 한다

영작 연습

바다 수면 높이 증가
한국은 기후 변화에 대해서 좀 더 경각심을 가져야 한다

발표된 한 주목할 만한 보도는 _____

지난달 유엔기후위원회에서 _____

분명히 지구 온난화를 경고한 _____

이곳에서는 적절한 관심을 끌어들이는 것같이 보이지는 않았다 _____

별도의 연구는 _____

높아져가는 바다수면이 끼치는 영향에 관한 _____

한국 해안지대의 _____

발표된 _____

일요일 현지 환경연구소에 의해 _____

한국이 경각심을 갖게 한다 _____

제기된 여러 가지 어려움에 대한 _____

기후 변화에 의해서 _____

그 분석에서 _____

이 서류에 의거한 결과를 근거로 한 _____

기후변화에 대한 국가 간 위원회에 의한 _____

한국환경연구소는 전망하고 있다 _____

이 나라에 육지의 3.3% _____

다시 말하면 3,330㎢가 _____

금세기 말에는 물에 잠길 것이라고 _____

Editorial 12 — Surge in sea level
Korea must be more alert over climate change

The IPCC report
predicted the rise in sea levels would proceed at a faster rate
than has been observed over the past 40 years.
The mean global sea level
was projected to rise by up to 98 cm by 2100,
depending on the amount of greenhouse emissions.
Model simulations indicated
that world's average surface temperature
was likely to rise by 1.5 degrees Celsius over the period,
relative to 1850.

Applying the worst-case scenario to Korea,
major infrastructure facilities
in western and southern coastal areas
are seen as likely to be damaged by flooding
in the closing decades of this century.
Among them
will likely be Incheon International Airport,
a nuclear plant in Yeonggwang, a port in Mokpo
and industrial estates along the southern coast.
If this were to be coupled with other natural disasters such as
typhoons and tsunamis,
the damage would be more serious.

해석 바다 수면 높이 증가
한국은 기후 변화에 대해서 좀 더 경각심을 가져야 한다

기후 변화에 관한 국가 간 연구보고는
바다 수면의 높이가 더 빠른 비율로 진행될 것이라고 예측했다
지난 40년 동안에 목격되었던 속도보다
세계 바다의 평균 수면 높이는
2100년경에는 98cm 정도가 더 늘어날 것으로 기대되었다
온실가스 **방출** 양에 따라서
모델 시뮬레이션은 지적했다
세계의 평균 수면 온도가
그 기간 동안 섭씨 1.5도로 증가될 가능성이 있다고
1850년도와 비교해서

emission 방출 물질, 배출물

최악의 사건 시나리오를 한국에 적용할 때에
주요 인프라 시설들은
서쪽과 남쪽의 해안 지역에서
홍수 피해를 입을 수 있는 가능성이 있는 것으로 보인다
금세기 말경에는
그들 가운데는
인천공항이 포함될 가능성이 있다
영광 원전, 목포 항구
그리고 남해안 지역을 따라 전개되는 산업공단들이
만약에 이것이 다른 자연 재난과 서로 합쳐지면
태풍, 쓰나미와 같은
그 피해는 더욱 심각해질 것이다

EDITORIAL

The IPCC report predicted the rise in sea levels would proceed at a faster rate than has been observed over the past 40 years. The mean global sea level was projected to rise by up to 98 cm by 2100, depending on the amount of greenhouse emissions. Model simulations indicated that world's average surface temperature was likely to rise by 1.5 degrees Celsius over the period, relative to 1850.

Applying the worst-case scenario to Korea, major infrastructure facilities in western and southern coastal areas are seen as likely to be damaged by flooding in the closing decades of this century. Among them will likely be Incheon International Airport, a nuclear plant in Yeonggwang, a port in Mokpo and industrial estates along the southern coast. If this were to be coupled with other natural disasters such as typhoons and tsunamis, the damage would be more serious.

기후 변화에 관한 국가 간 연구보고는 바다 수면의 높이가 지난 40년 동안에 목격되었던 속도보다 더 빠른 비율로 진행될 것이라고 예측했다. 세계 바다의 평균 수면 높이는 온실가스 방출 양에 따라서 2100년경에는 98cm 정도가 더 늘어날 것으로 기대되었다. 모델 시뮬레이션은 세계의 평균 수면 온도가 1850년도와 비교해서 그 기간 동안 섭씨 1.5도로 증가될 가능성이 있다고 지적했다.

최악의 사건 시나리오를 한국에 적용할 때에 서쪽과 남쪽에 있는 주요 인프라 시설들은 금세기 말 경에 홍수 피해를 입을 수 있는 가능성이 있는 것으로 보인다. 그들 가운데는 인천 공항, 영광 원전, 목포 항구, 남해안 지역을 따라 전개되는 산업 공단들이 포함될 가능성이 있다. 만약에 이것이 태풍, 쓰나미와 같은 다른 자연 재난과 서로 합쳐지면 그 피해는 더욱 심각해질 것이다.

바다 수면 높이 증가
한국은 기후 변화에 대해서 좀 더 경각심을 가져야 한다

기후 변화에 관한 국가 간 연구보고는 _____
바다 수면의 높이가 더 빠른 비율로 진행될 것이라고 예측했다 _____
지난 40년 동안에 목격되었던 속도보다 _____
세계 바다의 평균 수면 높이는 _____
2100년경에는 98cm 정도가 더 늘어날 것으로 기대되었다 _____
온실가스 방출 양에 따라서 _____
모델 시뮬레이션은 지적했다 _____
세계의 평균 수면 온도가 _____
그 기간 동안 섭씨 1.5도로 증가될 가능성이 있다고 _____
1850년도와 비교해서 _____

최악의 사건 시나리오를 한국에 적용할 때에 _____
주요 인프라 시설들은 _____
서쪽과 남쪽의 해안 지역에서 _____
홍수 피해를 입을 수 있는 가능성이 있는 것으로 보인다 _____
금세기 말경에는 _____
그들 가운데는 _____
인천공항이 포함될 가능성이 있다 _____
영광 원전, 목포 항구 _____
그리고 남해안 지역을 따라 전개되는 산업공단들이 _____
만약에 이것이 다른 자연 재난과 서로 합쳐지면 _____
태풍, 쓰나미와 같은 _____
그 피해는 더욱 심각해질 것이다 _____

Surge in sea level
Korea must be more alert over climate change

This warning should prompt
government and industry officials
to undertake work
to minimize the damage
from rising sea levels.
Scrutiny needs to be made
into the safety conditions of existing facilities
and stricter standards should be applied
to major structures
to be built in the coming decades.

A geographic and demographic reconsideration
may be necessary
to reduce the population concentration
in cities and counties along the coast,
where nearly 40 percent of the country's people lived
as of 2011.

해석 ## 바다 수면 높이 증가
한국은 기후 변화에 대해서 좀 더 경각심을 가져야 한다

이와 같은 경고는 해야 할 것이다
정부나 산업체 간부들이
작업을 하도록
피해를 최소화할 수 있는
바다 수면 증가로부터 발생하는
보안이 이루어져야 할 필요성이 있고   **scrutiny** 조사, 감시, 검증, 관찰
기존 시설물 안전 조건에
그리고 좀 더 엄격한 기준이 적용되어야 할 것이다
주요 건축물에
오는 10년 동안 이루어지게 될

지리, 인구에 대한 **재고**가   **reconsideration** 재고, 재심
필요할지도 모른다
인구 집중도를 줄이기 위해서
도시와 해안에 있는 군에
이 나라 인구의 거의 40%가 살았던
2011년도에

EDITORIAL

This warning should prompt government and industry officials to undertake work to minimize the damage from rising sea levels. Scrutiny needs to be made into the safety conditions of existing facilities and stricter standards should be applied to major structures to be built in the coming decades

A geographic and demographic reconsideration may be necessary to reduce the population concentration in cities and counties along the coast, where nearly 40 percent of the country's people lived as of 2011.

이와 같은 경고는 정부나 산업체 간부들의 바다 수면 증가로부터 발생하는 피해를 최소화할 수 있는 작업을 하도록 해야 할 것이다. 기존 시설물 안전 조건을 보완할 필요성이 있고 좀 더 엄격한 기준이 오는 10년 동안 이루어지게 될 주요 건축물에 적용되어야 할 것이다.

도시나 이 나라 인구의 거의 40%가 2011년도에 살았던 해안에 있는 도시와 군에 인구 집중도를 줄이기 위해서 지리와 인구 재고가 필요할지도 모른다.

prompt government and industry officials to undertake work to minimize the damage from rising sea levels 정부와 산업체 관리들로 하여금 바다 수면 상승으로부터 입을 피해를 최소화시키기 위한 작업을 시작하게끔 만들다

prompt someone to do something 누구로 하여금 무엇을 하게끔 자극을 주다

영작 연습

바다 수면 높이 증가
한국은 기후 변화에 대해서 좀 더 경각심을 가져야 한다

이와 같은 경고는 해야 할 것이다 _____

정부나 산업체 간부들이 _____

작업을 하도록 _____

피해를 최소화할 수 있는 _____

바다 수면 증가로부터 발생하는 _____

보안이 이루어져야 할 필요성이 있고 _____

기존 시설물 안전 조건에 _____

그리고 좀 더 엄격한 기준이 적용되어야 할 것이다 _____

주요 건축물에 _____

오는 10년 동안 이루어지게 될 _____

지리, 인구에 대한 재고가 _____

필요할지도 모른다 _____

인구 집중도를 줄이기 위해서 _____

도시와 해안에 있는 군에 _____

이 나라 인구의 거의 40%가 살았던 _____

2011년도에 _____

Editorial 12

Surge in sea level
Korea must be more alert over climate change

In addition
to measures to cope with the sea level rise,
Korea should take an active part
in international efforts
to reduce greenhouse gas emissions.
As a middle power
that has ascended
from the ashes of the 1950~53 Korean War
to the threshold of joining a club of advanced economies,
Korea can assume a mediating role
between developing and developed nations
at odds over climate issues.

Some critics noted
that a pause in global warming in the period since 1998
is downplayed in the IPCC report.
As its authors indicated, however,
this phenomenon
has not gone on long enough
to reflect long-term trends
and can hardly be a pretext
for slackening efforts to contain climate change.
We should not let our descendants
suffer the colossal consequences of our negligence.

해석 바다 수면 높이 증가
한국은 기후 변화에 대해서 좀 더 경각심을 가져야 한다

이외에도
바다 수면 증가를 막을 수 있는 조치로
한국은 적극적인 부분에 참여해야만 한다
국제적 노력에
온실가스 방출을 줄이기 위한
중간 경제국으로서
올라선   **ascend** 오르다, 상승하다, 승진하다
1950~53년에 잿더미에서
선진 경제권 클럽에 가입하는 **문턱**까지 온   **threshold** 기준점, 입구
한국은 **중재** 역할을 맡을 수 있다   **mediate** 조정하다, 중재하다
개발 도상국과 선진국 사이에
이 기후 문제를 둘러싸고 서로 갈등을 빚고 있는

일부 비판자들은 언급했다
1998년 이래로 일정 기간 동안 글로벌 온난의 **중단**이   **pause** 중단
국제기후변화위원회 보고에서는 별로 다루지 않고 있다고
그러나 이 보고에 기고자들이 지적한 것과 같이
이와 같은 현상은
오랫동안 계속되지 않았고
장기적인 추세를 반영할 정도로
그리고 이것은 전제조건도 될 수 없다
기후 변화를 중단시키기 위한 노력을 감퇴시킬 수 있는
우리들은 우리의 후손들이 않도록 해야 할 것이다
우리 무지의 엄청난 결과를 겪지

EDITORIAL

In addition to measures to cope with the sea level rise, Korea should take an active part in international efforts to reduce greenhouse gas emissions. As a middle power that has ascended from the ashes of the 1950~53 Korean War to the threshold of joining a club of advanced economies, Korea can assume a mediating role between developing and developed nations at odds over climate issues.

Some critics noted that a pause in global warming in the period since 1998 is downplayed in the IPCC report. As its authors indicated, however, this phenomenon has not gone on long enough to reflect long-term trends and can hardly be a pretext for slackening efforts to contain climate change. We should not let our descendants suffer the colossal consequences of our negligence.

바다 수면 증가를 막을 수 있는 조치 이외에도 한국은 온실가스 방출을 줄이기 위한 국제적 노력에 참여해야만 한다. 1950~53년에 잿더미에서 일어나서 선진 경제권 클럽에 가입하는 문턱까지 온 중간 경제국인 한국은 이 기후 문제를 둘러싸고 서로 갈등을 빚고 있는 개발도상국과 선진국 사이에 중재 역할을 맡을 수 있다.

일부 비판자들은 1998년 이래로 일정 기간 동안 글로벌 온난의 중단이 국제 기후변화 위원회 보도에서는 별로 다루지 않고 있다고 언급했다. 이 보도에 저자들이 지적한 것과 같이 이와 같은 현상은 장기적인 추세를 반영할 정도로 오랫동안 계속되지 않았고 그리고 이것은 기후 변화를 중단시키기 위한 노력을 완화시킬 수 있는 전제조건도 될 수 없다. 우리들은 우리의 후손들이 우리 무지의 엄청난 결과를 겪지 않도록 해야 할 것이다.

In addition to cope with the sea level rise   해수면 증가 문제를 해결하기 위한 조치 이외에도
cope with something   ~을 처리하다
not let someone do something   누구를 어떤 일을 하게끔 내버려둬서는 안 된다

영작 연습

바다 수면 높이 증가
한국은 기후 변화에 대해서 좀 더 경각심을 가져야 한다

이외에도 _____

바다 수면 증가를 막을 수 있는 조치로 _____

한국은 적극적인 부분에 참여해야만 한다 _____

국제적 노력에 _____

온실가스 방출을 줄이기 위한 _____

중간 경제국으로서 _____

올라선 _____

1950~53년에 잿더미에서 _____

선진 경제권 클럽에 가입하는 문지방에까지 온 _____

한국은 중재 역할을 맡을 수 있다 _____

개발도상국과 선진국 사이에 _____

이 기후 문제를 둘러싸고 서로 갈등을 빚고 있는 _____

일부 비판자들은 언급했다 _____

1998년 이래로 일정 기간 동안 글로벌 온난의 중단이 _____

국제기후변화위원회 보고에서는 별로 다루지 않고 있다고 _____

그러나 이 보고에 기고자들이 지적한 것과 같이 _____

이와 같은 현상은 _____

오랫동안 계속되지 않았고 _____

장기적인 추세를 반영할 정도로 _____

그리고 이것은 전제조건도 될 수 없다 _____

기후 변화를 중단시키기 위한 노력을 감퇴시킬 수 있는 _____

우리들은 우리의 후손들이 않도록 해야 할 것이다 _____

우리 무지의 엄청난 결과를 겪지 _____

The Korea Herald

Editorial

13

Revealing truth

Missing summit transcript has been found

Editorial 13

Revealing truth
Missing summit transcript has been found

The controversy over the whereabouts
of the transcript of the 2007 summit
between President Roh Moo-hyun
and North Korean leader Kim Jong-il
has entered a new phase
as prosecutors have found
the missing electronic document.

According to prosecutors
who have been tracing the missing transcript
since late July,
the important document
was found not where it should be
- the National Archives of Korea -
but in the computer system
that Roh used after retirement.

해석 진실 폭로
분실된 정상회담 회의록이 발견되다

행방에 대한 논란이 **whereabouts** 소재, 행방, 어느 곳에
2007년 정상회담 **회의록**의 **transcript** 필기록, 복사, 사본
노무현 대통령과 북한 지도자 김정일 사이에
새로운 국면에 접어들었다
검찰이 발견함으로써
분실된 전자 서류를

검찰에 따르면
분실된 회의록을 추적해왔던
7월말 이래로
이 주요한 서류는
이 서류가 마땅히 있어야 할 곳이 아닌 곳에서 발견되었다
즉, 국가**기밀문서보관소** **archive** 기록 보관소, 보관하다
가 아닌 컴퓨터 시스템 안에서
은퇴 이후에 사용된 노무현 대통령의 **retirement** 은퇴, 퇴직

EDITORIAL

The controversy over the whereabouts of the transcript of the 2007 summit between President Roh Moo-hyun and North Korean leader Kim Jong-il has entered a new phase as prosecutors have found the missing electronic document.

According to prosecutors who have been tracing the missing transcript since late July, the important document was found not where it should be - the National Archives of Korea - but in the computer system that Roh used after retirement.

노무현 대통령과 북한 지도자 김정일 사이에 있었던 2007년 정상회담의 회의록 행방에 대한 논란이 검찰이 분실된 전자 서류를 발견함으로써 새로운 국면에 접어들었다.

7월말 이래로 분실된 회의록을 추적해왔던 검찰에 따르면 이 주요한 서류는 이 서류가 마땅히 있어야 할 국가기밀문서보관소가 아닌 은퇴 이후에 사용된 노무현 대통령의 컴퓨터 시스템 안에서 발견되었다.

주요구문

The controversy over the whereabouts of the transcript of the 2007 summit ~을 둘러싼 논란

영작 연습

진실 폭로
분실된 정상회담 회의록이 발견되다

행방에 대한 논란이 _____

2007년 정상회담 회의록의 _____

노무현 대통령과 북한 지도자 김정일 사이에 _____

새로운 국면에 접어들었다 _____

검찰이 발견함으로써 _____

분실된 전자 서류를 _____

검찰에 따르면 _____

분실된 회의록을 추적해왔던 _____

7월말 이래로 _____

이 주요한 서류는 _____

이 서류가 마땅히 있어야 할 곳이 아닌 곳에서 발견되었다 _____

즉, 국가기밀문서보관소 _____

가 아닌 컴퓨터 시스템 안에서 _____

은퇴 이후에 사용된 노무현 대통령의 _____

Editorial 13

Revealing truth
Missing summit transcript has been found

When Roh moved to his hometown,
Bongha Village of Gimhae in South Gyeongsang Province,
after retirement,
hetook with him a copied version
of the e-Jiwon system,
the file management system of the Roh administration.

Roh later returned his e-Jiwon system
to the government
as it was illegal
to keep confidential presidential records privately.

What investigators had found
in Roh's computer
was traces of a summit transcript
having been deleted.
So they recovered the deleted file.
At the same time,
they discovered a separate transcript
on the computer.

해석 # 진실 폭로
분실된 정상회담 회의록이 발견되다

노무현 대통령이 그의 고향으로 이사했을 때
경상남도 김해 봉하마을로
은퇴 후
그는 복사본을 가지고 갔다
e-지원 시스템의
노 대통령 행정부의 파일관리시스템인

그 후 노 대통령은 그의 e-지원 시스템을 반환했다
정부에
불법적인 이유로   **presidential** 기밀의, 감추는
대통령 기밀문서를 사적으로 보관하는 것이   **confidential** 대통령의

수사관들이 발견한 것은
노 대통령 컴퓨터에서
정상회담 회의록의 흔적이었다
지워진
그래서 그들은 지워진 파일을 복원했다
동시에
그들은 별도의 사본을 발견했다
컴퓨터에서

EDITORIAL

When Roh moved to his hometown, Bongha Village of Gimhae in South Gyeongsang Province, after retirement, he took with him a copied version of the e-Jiwon system, the file management system of the Roh administration.

Roh later returned his e-Jiwon system to the government as it was illegal to keep confidential presidential records privately.

What investigators had found in Roh's computer was traces of a summit transcript having been deleted. So they recovered the deleted file. At the same time, they discovered a separate transcript on the computer.

노무현 대통령이 은퇴한 후 경상남도 김해 봉하마을 고향으로 이사했을 때 그는 노 대통령 행정부의 파일관리시스템인 e-지원 시스템에서 복사본을 가지고 갔다.

그 후 노 대통령은 그의 e-지원 시스템을 대통령 기록 문서를 사적으로 보관하는 것이 불법적이라는 이유로 정부에 반환했다.

수사관들이 노 대통령 컴퓨터에서 발견한 것은 정상회담 회의록이 지워진 흔적이었다. 그래서 그들은 지워진 파일을 복원했다. 동시에 그들은 컴퓨터에서 별도의 사본을 발견했다.

he took something with him   그는 무엇을 가지고 가버렸다

진실 폭로
분실된 정상회담 회의록이 발견되다

노무현 대통령이 그의 고향으로 이사했을 때 _____

경상남도 김해 봉하마을로 _____

은퇴 후 _____

그는 복사본을 가지고 갔다 _____

e-지원 시스템의 _____

노 대통령 행정부의 파일관리시스템인 _____

그 후 노대통령은 그의 e-지원 시스템을 반환했다 _____

정부에 _____

불법적인 이유로 _____

대통령 기밀문서를 사적으로 보관하는 것이 _____

수사관들이 발견한 것은 _____

노 대통령 컴퓨터에서 _____

정상회담 회의록의 흔적이었다 _____

지워진 _____

그래서 그들은 지워진 파일을 복원했다 _____

동시에 _____

그들은 별도의 사본을 발견했다 _____

컴퓨터에서 _____

Editorial 13 — Revealing truth
Missing summit transcript has been found

Prosecutors said
the recovered file appeared to be the original draft,
while the separate file was a revised version.
According to them,
the two versions were similar in content
and the revised version
was identical with the summit transcript
kept at the National Intelligence Service.
The NIS version was disclosed
to the public in June.

Investigators have also confirmed
that there is no summit record
in the National Archives of Korea.
They said they had browsed
all presidential records of the Roh administration
in the NAK
but could not find any trace of it.

The only rational explanation for all this is that
when the Roh administration transferred
the presidential records to the NAK,
it did not include the summit transcript.

해석 # 진실 폭로
분실된 정상회담 회의록이 발견되다

검찰에서는 말했다
발견된 파일이 원본으로 보인다고
한편 별도의 파일은 수정본 같다고
검찰에 따르면
이 두 개의 버전은 내용 면에서 비슷했고
수정본은
정상회담 사본과 동일했다
국가정보원에서 보관된
국정원이 가지고 있는 이 사본은 공개되었다
6월에 대중에게

수사관들은 역시 확인했다
정상회담 기록이 없다는 것을
국가문서보관소에는
검찰은 그들이 **검열**했다고 말했다   **browse** 대강 훑어보다, 먹다
노 대통령 행정부 모든 대통령 기록을
그러나 그 기록에 대한 어떠한 **흔적**도 발견하지 못했다고   **trace** 추적하다

이 모든 것에 대한 합리적인 유일한 설명은 이런 것이다
노 행정부가 넘겨줬을 때
국가문서보관소에 대통령 기록물을
그 정상회담 사본은 포함되지 않았다는

EDITORIAL

Prosecutors said the recovered file appeared to be the original draft, while the separate file was a revised version. According to them, the two versions were similar in content and the revised version was identical with the summit transcript kept at the National Intelligence Service. The NIS version was disclosed to the public in June.

Investigators have also confirmed that there is no summit record in the National Archives of Korea. They said they had browsed all presidential records of the Roh administration in the NAK but could not find any trace of it.

The only rational explanation for all this is that when the Roh administration transferred the presidential records to the NAK, it did not include the summit transcript.

검찰에서는 발견된 파일이 원본이고 한편 별도의 파일은 수정본같이 보인다고 말했다. 검찰에 따르면 이 두 개의 버전은 내용 면에서 비슷했고 수정본은 국가정보원에서 보관된 정상회담 사본과 동일했다. 그들에 따르면 국정원이 가지고 있는 이 사본은 6월에 공개되었다.

수사관들은 국가문서보관소에는 정상회담 기록이 없다는 것을 역시 확인했다. 검찰은 그들이 국가문서보관소에 있는 노 대통령 행정부 당시의 모든 대통령 기록을 검열했으나 그 기록에 대한 어떠한 흔적도 발견하지 못했다고 말했다.

이 모든 것에 대한 합리적인 유일한 설명은 노 행정부가 대통령 기록을 국가문서보관소에 넘겨줬을 때 그 정상회담 사본은 포함되지 않았다는 것이다.

진실 폭로
분실된 정상회담 회의록이 발견되다

검찰에서는 말했다 _____
발견된 파일이 원본으로 보인다고 _____
한편 별도의 파일은 수정본 같다고 _____
검찰에 따르면 _____
이 두 개의 버전은 내용 면에서 비슷했고 _____
수정본은 _____
정상회담 사본과 동일했다 _____
국가정보원에서 보관된 _____
국정원이 가지고 있는 이 사본은 공개되었다 _____
6월에 대중에게 _____

수사관들은 역시 확인했다 _____
정상회담 기록이 없다는 것을 _____
국가 문서보관소에는 _____
검찰은 그들이 검열했다고 말했다 _____
노 대통령 행정부 모든 대통령 기록을 _____
그러나 그 기록에 대한 어떠한 흔적도 발견하지 못했다고 _____

이 모든 것에 대한 합리적인 유일한 설명은 이런 것이다 _____
노 행정부가 넘겨줬을 때 _____
국가문서보관소에 대통령 기록물을 _____
그 정상회담 사본은 포함되지 않았다는 _____

Editorial 13

Revealing truth
Missing summit transcript has been found

In light of the significance
of the inter-Korean summit,
the transcript should have been included
in the presidential records
and preserved in the NAK.
One cannot but suspect
that someone intentionally left it out.

Now prosecutors need to find out
why the summit document was omitted
from the presidential records.
There is a strong possibility
thatRoh himself ordered the omission.
Prosecutors will have to verify the suspicion
by questioning former aides to the late president.

One key witness
is Moon Jae-in, the presidential candidate
of the main opposition Democratic Party
in the December election
who was the chief of staff for Roh
at the time of the summit meeting.

| 해석 | 진실 폭로
분실된 정상회담 회의록이 발견되다

중요성에 비추어 보아
남북한 정상회담의
이 사본이 당연히 포함되어야 하고
대통령 기록에
또 국가문서보관소에 보관되어야만 한다
의심하지 않을 수 없는 한 가지는   **suspect** 의심하다, 생각하다
어떤 사람이 의도적으로 그것을 빼놓았다는 것이다

지금 검찰은 찾아내야 할 필요성이 있다
어째서 정상회담 문서가 **빠졌는가**를   **omit** 생략하다, 제외하다, 빠지다
대통령 기록에서
강력한 가능성도 있다
노 대통령 자신이 그것을 빼놓을 것을 명령했을
검찰은 그 의혹을 **입증**해야만 할 것이다   **verify** 증명하다, 확인하다
고 노 대통령의 전 참모들을 심문함으로써

유일한 한 사람의 증인은
대선 후보였던 문재인 씨다
12월 대선 때 제1야당의
그는 노 대통령의 비서실장이었다
정상회담 당시에

EDITORIAL

In light of the significance of the inter-Korean summit, the transcript should have been included in the presidential records and preserved in the NAK. One cannot but suspect that someone intentionally left it out.

Now prosecutors need to find out why the summit document was omitted from the presidential records. There is a strong possibility that Roh himself ordered the omission. Prosecutors will have to verify the suspicion by questioning former aides to the late president.

One key witness is Moon Jae-in, the presidential candidate of the main opposition Democratic Party in the December election who was the chief of staff for Roh at the time of the summit meeting.

남북한 정상회담의 중요성에 비추어 보아 이 사본이 대통령 기록에 당연히 포함되어야 하고 또 국가문서보관소에 보관되어야만 옳다. 우리들은 어떤 사람이 의도적으로 그것을 빼놓은 것이 아닌가 의심하지 않을 수 없다.

지금 검찰은 왜 정상회담 문서가 대통령 기록에서 빠졌는가 그 이유를 찾아내야 할 필요성이 있다. 노 대통령 자신이 그것을 빼놓을 것을 명령했을 가능성이 크다. 검찰은 고 노 대통령의 전 참모들을 심문함으로써 그 의혹을 입증하지 않으면 안될 것이다.

유일한 한 사람의 증인은 정상회담 당시에 노 대통령의 비서실장이었던 12월 대선 때 제1야당 대선 후보였던 문재인 씨다.

In light of the significance of the inter-Korean summit 남북한 정상회담의 중요성을 비추어 볼 때
In light of ~을 비추어 볼 때

진실 폭로
분실된 정상회담 회의록이 발견되다

중요성에 비추어 보아　_____

남북한 정상회담의　_____

이 사본이 당연히 포함되어야 하고　_____

대통령 기록에　_____

또 국가문서보관소에 보관되어야만 한다　_____

의심하지 않을 수 없는 한 가지는　_____

어떤 사람이 의도적으로 그것을 빼놓았다는 것이다　_____

지금 검찰은 찾아내야 할 필요성이 있다　_____

어째서 정상회담 문서가 빠졌는가를　_____

대통령 기록에서　_____

강력한 가능성도 있다　_____

노 대통령 자신이 그것을 빼놓을 것을 명령했을　_____

검찰은 그 의혹을 입증해야만 할 것이다　_____

고 노 대통령의 전 참모들을 심문함으로써　_____

유일한 한 사람의 증인은　_____

대선 후보였던 문재인 씨다　_____

12월 대선 때 제1야당의　_____

그는 노 대통령의 비서실장이었다　_____

정상회담 당시에　_____

Editorial 13: Revealing truth
Missing summit transcript has been found

Moon and other officials who were close to Roh have thus far collectively refused to be questioned by prosecutors. Now they should fully cooperate with investigators to establish the truth.

Some of them had previously alleged that the Lee Myung-bak administration tampered with the transcript. As prosecutors' investigation has confirmed that these allegations were groundless, they will have to apologize for their irresponsible remarks.

They had also asserted that files could not be deleted on the e-Jiwon system. This has also been proved untrue. Now they should tell the truth and face punishment if they were involved in the mishandling of the summit transcript.

해석 진실 폭로
분실된 정상회담 회의록이 발견되다

문과 노 대통령과 가장 가까웠던 관리들은
지금까지 **단체적으로** 불응해 왔다   **collectively** 일괄하여, 단결하여
검찰의 소환에
이제 그들은 전적으로 협력해야 옳다
진실을 규명하기 위하여 검찰에

그들 중에 몇 사람은
이전에 주장해 왔었다
이명박 행정부가
이 정상회담 기록을 **조작**했다고   **temper** 간섭하다, 주무르다, 손을 대다
검찰의 수사가 확인했으므로
이 주장이 근거 없다는 사실을
그들은 사과해야 할 것이다
그들의 무책임한 말에 대해서

그들은 역시 주장했다
파일이 삭제될 수 없었다고
e-지원 시스템에서
이것 역시 사실이 아닌 것으로 입증되었다
이제 그들은 진실을 밝히고
처벌 받아야 할 것이다
그들이 **훼손**하는데 관련되어 있다면   **mishandling** 잘못 처리
정상회담 기록을

EDITORIAL

Moon and other officials who were close to Roh have thus far collectively refused to be questioned by prosecutors. Now they should fully cooperate with investigators to establish the truth.

Some of them had previously alleged that the Lee Myung-bak administration tampered with the transcript. As prosecutors' investigation has confirmed that these allegations were groundless, they will have to apologize for their irresponsible remarks.

They had also asserted that files could not be deleted on the e-Jiwon system. This has also been proved untrue. Now they should tell the truth and face punishment if they were involved in the mishandling of the summit transcript.

문과 노 대통령과 가장 가까웠던 관리들은 지금까지 단체적으로 검찰 소환에 불응해 왔다. 이제 그들은 진실을 규명하기 위하여 검찰에 전적으로 협력해야 옳다.

그들 중에 몇 사람은 이전에 이명박 행정부가 이 정상회담 기록을 조작했다고 주장해 왔었다. 검찰의 수사가 이 주장이 근거 없다는 사실을 확인했으므로 그들은 그들의 무책임한 말에 대해서 사과해야 할 것이다.

그들은 역시 파일이 e-지원 시스템에서 삭제될 수 없었다고 주장했다. 이것은 사실이 아닌 것으로 입증되었다. 이제 그들은 진실을 밝히고 그들이 정상회담 기록을 훼손하는데 관련되어 있다면 처벌 받아야 할 것이다.

tampered with something 무엇을 조작하다
proved untrue 사실이 아닌 것으로 밝혀지다   prove + 형용사

진실 폭로
분실된 정상회담 회의록이 발견되다

문과 노 대통령과 가장 가까웠던 관리들은 _____
지금까지 단체적으로 불응해 왔다 _____
검찰의 소환에 _____
이제 그들은 전적으로 협력해야 옳다 _____
진실을 규명하기 위하여 검찰에 _____

그들 중에 몇 사람은 _____
이전에 주장해 왔었다 _____
이명박 행정부가 _____
이 정상회담 기록을 조작했다고 _____
검찰의 수사가 확인했으므로 _____
이 주장이 근거 없다는 사실을 _____
그들은 사과해야 할 것이다 _____
그들의 무책임한 말에 대해서 _____

그들은 역시 주장했다 _____
파일이 삭제될 수 없었다고 _____
e-지원 시스템에서 _____
이것 역시 사실이 아닌 것으로 입증되었다 _____
이제 그들은 진실을 밝히고 _____
처벌 받아야 할 것이다 _____
그들이 훼손하는데 관련되어 있다면 _____
정상회담 기록을 _____

Editorial

14

Dimmer growth outlook

Deregulation is needed to encourage investment

Editorial 14

Dimmer growth outlook
Deregulation is needed to encourage investment

On Thursday,
the Bank of Korea cut its 2014 growth outlook,
from 4 percent to 3.8 percent.
The central bank also said
it expected
the Korean economy to grow 2.8 percent this year,
as it forecast in July.

The central bank was not alone
in coming up with a dimmer outlook.
Earlier in the week,
the International Monetary Fund
lowered its 2014 growth estimate for Korea
from 3.9 percent to 3.7 percent.
Other international agencies and investment banks
had even lower estimates,
mostly ranging from 3.2 percent to 3.5 percent.

해석 좀 더 어두워진 성장 전망
투자를 장려하기 위해서는 규제 해제가 필요하다

목요일에
한국은행은 2014년도 성장 전망을 축소했다
4%에서 3.8%로
이 중앙은행은 역시 말했다
예측했다고
한국 경제가 금년도에는 2.8% 성장할 것이라고
7월에 **전망**된 것같이

forecast 전망, 예상

한국은행이 유일한 기관은 아니었다
좀 더 어두운 전망을 내놓은
이번 주초
IMF는 한국의 2014년도 성장 전망을 내렸다
3.9%에서 3.7%로
다른 국제기관과 투자은행들은
심지어 예상치를 더 낮추었다
대부분 3.2%에서 3.5% 범위로

EDITORIAL

On Thursday, the Bank of Korea cut its 2014 growth outlook, from 4 percent to 3.8 percent. The central bank also said it expected the Korean economy to grow 2.8 percent this year, as it forecast in July.

The central bank was not alone in coming up with a dimmer outlook. Earlier in the week, the International Monetary Fund lowered its 2014 growth estimate for Korea from 3.9 percent to 3.7 percent. Other international agencies and investment banks had even lower estimates, mostly ranging from 3.2 percent to 3.5 percent.

목요일에 한국은행은 2014년도 성장전망을 4%에서 3.8%로 축소했다. 중앙은행은 역시 한국 경제가 금년도에는 7월에 전망된 것같이 2.8% 성장할 것이라고 예측했다고 말했다.

한국은행은 좀 더 어두운 전망을 내놓은 유일한 기관은 아니었다. 이번 주초 IMF에서는 한국의 2014년도 성장 전망을 처음 3.9%에서 3.7%로 내렸다. 다른 국제기관과 투자은행들은 심지어 대부분 3.2%에서 3.5%로 예상치를 더 낮추었다.

coming up with ~을 내놓다
The central bank was not alone in coming up with a dimmer outlook. 한국은행만이 좀 더 우울한 성장치를 내놓은 것은 아니었다

영작 연습

좀 더 어두워진 성장 전망
투자를 장려하기 위해서는 규제 해제가 필요하다

목요일에 _____
한국은행은 2014년도 성장 전망을 축소했다 _____
4%에서 3.8%로 _____
이 중앙은행은 역시 말했다 _____
예측했다고 _____
한국 경제가 금년도에는 2.8% 성장할 것이라고 _____
7월에 전망된 것같이 _____

한국은행이 유일한 기관은 아니었다 _____
좀 더 어두운 전망을 내놓은 _____
이번 주초 _____
IMF는 한국의 2014년도 성장 전망을 내렸다 _____
3.9%에서 3.7%로 _____
다른 국제기관과 투자은행들은 _____
심지어 예상치를 더 낮추었다 _____
대부분 3.2%에서 3.5% 범위로 _____

Dimmer growth outlook
Deregulation is needed to encourage investment

These gloomy prospects
are unwelcome news
to President Park Geun-hye's administration,
which is putting the final touches
to its 2014 budget request based on the assumption
that growth will be at 3.9 percent
in real terms next year.
Slower growth means lower tax revenues.
Assuming consumer prices
gain 2.7 percent next year,
the Park administration
expects the nominal growth rate to reach 6.5 percent.
One percentage point cut in the nominal growth rate
translates into a 2 trillion won shortage in tax revenues.

As such,
it is being forced to seriously consider a spending cut.
An equally painful alternative
will be to draw up a supplementary budget bill
and issue treasury bonds to make up
for a growing fiscal deficit.
This will add to the 515 trillion won national debt.

해석 좀 더 어두워진 성장 전망
투자를 장려하기 위해서는 규제 해제가 필요하다

이와 같은 **걱정스러운** 전망은   gloomy 우울한, 비관적인, 어두운
바람직하지 못한 소식이고
박근혜 대통령 정부에게는
최종 수정안에 수정을 가하고 있다
추정을 바탕으로 하여 2014년 예산안에 대한   assumption 가정, 추측
한국 경제 성장이 3.9%가 될 것이라는
내년도 실제 기간 동안에   tax revenues 세수, 세입, 수입 총액
성장이 더 둔화된다는 것은 **세수**가 더 낮아진다는 것을 의미한다
소비자 물가를 추산한
내년에 2.7%가 더 늘어난다는
박 정부는
명목상의 성장률이
6.5%에 달할 것이라고 기대하고 있다
예상 성장률의 1% 포인트 축소는
세수에서 2조 원이 줄어드는 것으로 계산된다

그런 이유로
박 정부는 예산소비 축소를 심각하게 고려하고 있다
마찬가지로 고통스런 대안은
추가예산 법안을 작성하고
재무부 국채를 발행하는 일이 될 것이다   treasury bond 재무부 채권
점점 늘어나는 회계 **결손**을 충당하기 위하여   deficit 적자, 부족액
국채 발행은 국가 부채 515조 원으로 부채가 더 추가될 것이다

EDITORIAL

These gloomy prospects are unwelcome news to President Park Geun-hye's administration, which is putting the final touches to its 2014 budget request based on the assumption that growth will be at 3.9 percent in real terms next year. Slower growth means lower tax revenues.

Assuming consumer prices gain 2.7 percent next year, the Park administration expects the nominal growth rate to reach 6.5 percent. One percentage point cut in the nominal growth rate translates into a 2 trillion won shortage in tax revenues.

As such, it is being forced to seriously consider a spending cut. An equally painful alternative will be to draw up a supplementary budget bill and issue treasury bonds to make up for a growing fiscal deficit. This will add to the 515 trillion won national debt.

이와 같은 걱정스러운 전망은 박근혜 대통령 정부에게는 바람직하지 못한 소식이다. 박 대통령 정부는 한국 경제 성장이 내년도 기간 동안에 3.9%가 될 것이라는 추측을 바탕으로 하여 2014년 예산안에 대한 최종 수정안에 수정을 가하고 있다. 성장이 좀 더 둔화된다는 것은 세수가 좀 더 낮아진다는 것을 의미한다. 소비자 물가가 내년에 2.7%가 더 늘어난다는 것을 가정한 박 정부는 실제적인 성장률이 6.5%에 달할 것이라고 기대하고 있다. 예상 성장률 1% 포인트 축소는 세수에서 2조 원이 줄어드는 것으로 계산된다.

그런 이유로 박 정부는 예산소비 축소를 심각하게 고려하고 있다. 마찬가지로 고통스런 대안은 추가예산 법안을 작성하고 점점 늘어나는 회계 결손을 충당하기 위하여 재무부 국채를 발행하는 일이 될 것이다. 국채 발행은 국가 부채 515조 원으로 부채가 더 추가될 것이다.

좀 더 어두워진 성장 전망
투자를 장려하기 위해서는 규제 해제가 필요하다

이와 같은 걱정스러운 전망은 _____

바람직하지 못한 소식이고 _____

박근혜 대통령 정부에게는 _____

최종 수정안에 수정을 가하고 있다 _____

추정을 바탕으로 하여 2014년 예산안에 대한 _____

한국 경제 성장이 3.9%가 될 것이라는 _____

내년도 실제 기간 동안에 _____

성장이 더 둔화된다는 것은 세수가 더 낮아진다는 것을 의미한다 _____

소비자 물가를 추산한 _____

내년에 2.7%가 더 늘어난다는 _____

박 정부는 _____

명목상의 성장율이 _____

6.5%에 달할 것이라고 기대하고 있다 _____

예상 성장율의 1% 포인트 축소는 _____

세수에서 2조 원이 줄어드는 것으로 계산된다 _____

그런 이유로 _____

박 정부는 예산소비 축소를 심각하게 고려하고 있다 _____

마찬가지로 고통스런 대안은 _____

추가예산 법안을 작성하고 _____

재무부 국채를 발행하는 일이 될 것이다 _____

점점 늘어나는 회계 결손을 충당하기 위하여 _____

국채 발행은 국가 부채 515조 원으로 부채가 더 추가될 것이다 _____

Dimmer growth outlook
Deregulation is needed to encourage investment

At a time when an economic turnaround is not assured,
the Park administration
is committed to launching costly welfare programs.
If no action is taken to curb
spending and increase revenues, however,
borrowing will get out of control.
According to one estimate,
the national debt
will grow by as much as 111.8 trillion won
during the five years of Park's governance.

What the administration needs to do
under these circumstances
isto keep the economy
from falling into a low growth trap
and boost investments by foreign business concerns
as well as Korean corporations.
According to one estimate,
foreign direct investments in Korea
amounted to $10.3 billion last year
while Korean companies invested $23 billion.

해석 좀 더 어두워진 성장 전망
투자를 장려하기 위해서는 규제 해제가 필요하다

경제**회복**이 확실하지 않은 이 시점에   **turnaround** 선회, 변경, 방향전환
박 대통령 정부는
값비싼 복지 프로그램을 시행하려고 노력 중이다
억제 조치가 취해지지 않으면
하지만, 소비를 줄이고 세수를 늘리기 위한
부채는 걷잡을 수 없게 될 것이다
한 계산에 따르면
국가 부채는
111조 8천억 원 정도로 늘어날 것이다
박 정부 5년 동안에

이 정부가 해야 할 일은
이런 환경하에서
경제를 유지하는 일이다
낮은 성장 **트랩**에 빠지지 않도록   **trap** 가두다, 덫, 잡다
그리고 외국 기업에 의한 투자를 크게 늘려야 하는 일이다
한국 기업은 물론이고
한 계산에 따르면
한국의 외국 직접 투자액은
작년에 103조 달러가 되었으며
한국 회사들은 230억 달러를 투자했다

EDITORIAL

At a time when an economic turnaround is not assured, the Park administration is committed to launching costly welfare programs. If no action is taken to curb spending and increase revenues, however, borrowing will get out of control. According to one estimate, the national debt will grow by as much as 111.8 trillion won during the five years of Park's governance.

What the administration needs to do under these circumstances is to keep the economy from falling into a low growth trap and boost investments by foreign business concerns as well as Korean corporations. According to one estimate, foreign direct investments in Korea amounted to $10.3 billion last year while Korean companies invested $23 billion.

경제회복이 확실하지 않은 이 시점에 박 대통령 정부는 값비싼 복지 프로그램을 시행하려고 노력중이다. 소비를 줄이고 세수를 늘리기 위한 조치가 취해지지 않으면 부채는 걷잡을 수 없게 될 것이다. 한 계산에 따르면 국가 부채는 박 정부 5년 동안에 111조 8천억 원 정도로 늘어날 것이다.

이 정부가 이런 환경하에서 해야 할 일은 경제가 낮은 성장 트랩에 빠지지 않도록 하는 일이고 한국 기업은 물로 외국 기업에 의한 투자를 크게 늘려야 하는 일이다. 한 계산에 따르면 한국의 외국 직접 투자액은 작년에 103조 달러가 되었으며 한국 회사들은 230억 달러를 투자했다.

is committed to something   ~에 열중하다
keep something from falling   ~이 추락하지 않도록 계속 붙잡다

영작 연습

좀 더 어두워진 성장 전망
투자를 장려하기 위해서는 규제 해제가 필요하다

경제회복이 확실하지 않은 이 시점에 _____

박대통령 정부는 _____

값비싼 복지 프로그램을 시행하려고 노력 중이다 _____

억제 조치가 취해지지 않으면 _____

하지만, 소비를 줄이고 세수를 늘리기 위한 _____

부채는 걷잡을 수 없게 될 것이다 _____

한 계산에 따르면 _____

국가 부채는 _____

111조 8천억 원 정도로 늘어날 것이다 _____

박 정부 5년 동안에 _____

이 정부가 해야 할 일은 _____

이런 환경하에서 _____

경제를 유지하는 일이다 _____

낮은 성장 트랩에 빠지지 않도록 _____

그리고 외국 기업에 의한 투자를 크게 늘려야 하는 일이다 _____

한국 기업은 물론이고 _____

한 계산에 따르면 _____

한국의 외국 직접 투자액은 _____

작년에 103조 달러가 되었으며 _____

한국 회사들은 230억 달러를 투자했다 _____

Dimmer growth outlook
Deregulation is needed to encourage investment

When the right incentives are given,
the yawning gap
between outbound and inbound investments
can be reduced.
For instance,
both Korean and foreign corporations
will increase their investments in the nation
if they are permitted
to establish for-profit educational institutions
and hospitals.
The administration
willhave to put corporate investments
before anything else and push for deregulation
if it wishes to put growth back on track.

해석 | 좀 더 어두워진 성장 전망
투자를 장려하기 위해서는 규제 해제가 필요하다

올바른 **동기 부여가** 주어질 때   **incentive** 장려금, 보상의, 동기

엄청난 이 **갭**은   **yawn** 크게 벌어져 있는, 하품하는

외부투자 내부투자 사이의

줄어들 수 있다

예를 들자면

한국과 외국 기업은

이 나라에 그들의 투자를 늘릴 것이다

만약 그들이 허용된다면

영리 교육기관을 위한 설립이

그리고 병원들을 위한

이 행정부는

기업투자를 제일 우선으로 삼아야 할 것이고

무엇보다도 **규제 완화**를 추진해야 할 것이다   **deregulation** 규제 철폐, 해제

만약 이 정부가 성장을 본래 **스케줄대로** 올려놓기를 희망한다면

       on track 순조롭게 진행되고 있는

EDITORIAL

When the right incentives are given, the yawning gap between outbound and inbound investments can be reduced. For instance, both Korean and foreign corporations will increase their investments in the nation if they are permitted to establish for-profit educational institutions and hospitals. The administration will have to put corporate investments before anything else and push for deregulation if it wishes to put growth back on track.

올바른 동기 부여가 주어질 때 외부투자와 내부투자 사이에 있는 엄청난 이 갭은 줄어들 수 있다. 예를 들면 한국과 외국 기업은 만약 그들이 영리 교육기관 및 병원을 위해서 설립이 허용된다면 이 나라에 그들의 투자를 늘릴 것이다. 이 행정부는 기업투자를 제일 우선으로 삼아야 할 것이고 만약 이 정부가 성장을 본래 스케줄대로 올려놓기를 희망한다면 규제 완화를 추진해야 할 것이다.

put corporate investments before anything else   무엇보다도 기업체 투자를 우선하다
push for   추진하다
if it wishes to ~   ~하기를 희망한다면(가정법 변형)

좀 더 어두워진 성장 전망
투자를 장려하기 위해서는 규제 해제가 필요하다

올바른 동기 부여가 주어질 때 _____

엄청난 이 갭은 _____

외부투자 내부투자 사이의 _____

줄어들 수 있다 _____

예를 들자면 _____

한국과 외국 기업은 _____

이 나라에 그들의 투자를 늘릴 것이다 _____

만약 그들이 허용된다면 _____

영리 교육기관을 위한 설립이 _____

그리고 병원들을 위한 _____

이 행정부는 _____

기업투자를 제일 우선으로 삼아야 할 것이고 _____

규제 완화를 추진해야 할 것이다 _____

만약 이 정부가 성장을 본래 스케줄대로 올려놓기를 희망한다면 _____

국립중앙도서관 출판시도서목록(CIP)

(영문법 없이 읽는) 영자 신문 사설 = (The) Korea Herald editorial bilingual reading / 지은이: 토마스 안, 벨라 정. -- 서울 : 영어닷컴, 2014
　　　　p. ;　　cm

판권기표제: 영문법 없이 읽는 영자 사설
본문은 한국어, 영어가 혼합수록됨
ISBN　979-11-85345-02-4　13740 : ₩18000

영자 신문[英字新聞]
영어 독해[英語讀解]

747-KDC5
428-DDC21　　　　　　　　　　　　　CIP2014001065